― 삶이 ―
메시지다
―

일러두기

1. 본문에 인용한 성경은 대한성서공회에서 펴낸 새번역판을, 각 장 끝에 삽입한 성경구절은 유진 피터슨의 《메시지》를 따랐으며, 본서에 인용된 《메시지》 한국어판 저작권은 도서출판 복 있는 사람의 소유로 허락을 받고 사용하였습니다.

2. 이 책에 실린 시들은 해당 저작권자의 허락을 받아 게재하였습니다. 부득이하게 저자와 연락이 닿지 않아 게재 허락을 받지 못한 저작물에 대해서는 출판사로 연락을 주시면 허락을 받고 게재료를 지불하겠습니다.

삶이 메시지다

저자 김기석

1판 1쇄 발행 2010. 6. 30. | **1판 16쇄 발행** 2024. 8. 9. | **발행처** 포이에마 | **발행인** 박강휘 | **등록번호** 제300-2006-190호 | **등록일자** 2006. 10. 16. | 서울특별시 종로구 북촌로 63-3 우편번호 03052 | 마케팅부 02)3668-3260, 편집부 02)730-8648, 팩스 02)745-4827

저작권자 ⓒ 김기석. 이 책의 저작권은 저자에게 있습니다. 저자와 출판사의 허락 없이 내용의 일부를 인용하거나 발췌하는 것을 금합니다. | Copyright ⓒ 2010 by Gi-Seok, Kim. All rights reserved including the rights of reproduction in whole or in part in any form. Printed in KOREA.

값은 뒤표지에 있습니다. ISBN 978-89-93474-33-6 03230 | **독자의견 전화** 02)730-8648 | **이메일** masterpiece@poiema.co.kr | 좋은 독자가 좋은 책을 만듭니다. | 포이에마는 독자 여러분의 의견에 항상 귀를 기울이고 있습니다.

김기석 지음

삶이 메시지다

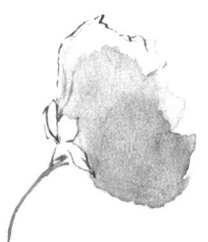

포이에마
POIEMA

산상수훈은 우리의 굳은 마음 밭을 갈아엎는 정신의 쟁기날이고,
얽매임을 끊어내는 정신의 활인검이다.

차례

들어가는 말 : 크레도 … 8

제1부 하나님으로 채워가는 삶
무리인가, 제자인가 … 14
가난한 마음 … 22
삶을 깊게 만드는 슬픔 … 37
'있음' 자체가 하는 일 … 45
신적 코스모스를 향한 갈망 … 54

제2부 늘 아파하는 마음
사람들 속에서 피어나는 꽃 … 64
눈물로 마음을 씻는다 … 73
평화의 씨앗을 뿌리는 시간 … 81
괄호 치기 처세술 … 98

제3부 빛과 소금
주님의 현존 앞에 설 때 … 108
과분한 선언 … 116
잠든 빛을 깨우는 의로움 … 125
말씀을 길로 삼아 … 134
말의 제값 찾기 … 143

제4부 전쟁의 소문

힘의 질서를 뛰어넘는 사람 ··· 154

평화로 가는 길 ··· 162

온전함을 향해 가다 ··· 171

멀지만 가야 할 길 ··· 180

차별 없는 사랑 ··· 191

제5부 경건의 연습

허영의 풍랑을 잠재우라 ··· 202

새로운 삶의 입구 ··· 210

세 사람의 기도 ··· 218

우리의 마음이 머무는 곳 ··· 228

눈빛 맑은 사람 ··· 237

제6부 세상살이

돈의 신민 ··· 248

삶의 중심 ··· 257

내일의 염려 ··· 265

정죄와 심판 ··· 274

세상에서 가장 소중한 대접 ··· 283

존재를 드러내는 열매 ··· 292

나가는 말 : 고백을 삶으로 번역하는 신앙 ··· 300

들어가는 말

크레도

'삶의 강령'이라고 써놓고 한참을 들여다본다. '일의 으뜸이 되는 큰 줄기'라는 뜻의 강령은 그물의 위쪽 코를 꿰어 잡아당기게 된 줄을 뜻하는 '벼리 강綱'과 '옷깃 령領'이 결합된 말이다. 아무리 그물을 정밀하게 잘 짜더라도 벼리가 없으면 고기를 잡을 수 없고, 색감 좋은 천을 잘 마름질했다 해도 옷깃이 바르지 않으면 옷으로서의 역할을 하기 어렵다. 내 삶의 벼리와 옷깃에 해당하는 원칙은 있는가? 엄격하게 삶의 원칙으로 삼고, 아무리 어려워도 쉽게 포기할 수 없는 원칙 말이다.

간디가 꼭 붙들었던 삶의 강령은 '사티아그라하(眞理把持)'였다. 어떤 상황에서든 진리를 꼭 붙드는 것이다. 자신의 입장을 진실하게 이해시키고, 상대의 입장을 이해하려고 끈질기게 노력하는 가운데 피어나는 것이다. 강제가 없으니 비폭력적일 수밖에 없고, 상대를 존중하니 두려움도 없다. 세상에서 가장 강력한 힘이 진리라는 사실을 경험하지 못한 이들에게 사티아그라하는 이상주의자의 몽상일 뿐이다. 진리는 현실의 논리 앞에서 침묵을 강요당하기 일쑤이니 말이다.

하지만 예수의 삶은 진리를 꼭 붙든 이의 삶이 얼마나 당당한가를 잘 보여준다. 약자들을 향해 한없는 연민을 품고 살지만, 권위 앞에서도 결코 주눅이 드는 법이 없었다. 그 비밀은 이 말에 있다. "진리가 너희를 자유롭게 할 것이다." 기둥이 바로 서면 그 위에 얹히는 지붕의 무게를 감당해낼 수 있다. 산상수훈은 예수 정신의 알짬이다. 기독교인들이 마땅히 삶의 강령으로 삼아야 할 가르침이다. 그러나 현실은 그렇지 못하다. 선드러진 표현에 놀라고 드높은 정신의 높이에는 감탄하지만, 그것을 살아낼 엄두는 내지 않는다. 지금 산상수훈은 액자에 담겨 벽에 걸려 있을 뿐 우리의 비근한 삶에 녹아들지 못하고 있다.

누군가의 말대로 파시스트적인 속도로 변화하는 세상에서 자기 정체성을 유지하며 살기란 여간 어려운 일이 아니다. 과포화된 욕망의 부림을 받으며 거리를 질주하는 이들,

나태한 평화를 즐기며 살아가는 이들, 가슴이 없는 향락자들에게 산상수훈의 가르침은 큰 울림을 만들지 못하고 있다. 그렇지만 귀를 기울이는 이들이 있다. 허룩하기 이를 데 없는 삶, 부박한 실존에 지친 사람들, 마음의 공허를 채울 길 없어 방황하는 이들에게 산상수훈은 '마땅히' 살아갈 길을 지시한다.

신앙생활이란 지난한 조율의 과정이다. 수시로 하늘의 뜻에 자기 삶을 비춰보며 그 뜻을 기준으로 삼아 자기 삶의 목표와 과정을 조율하는 것이라는 말이다. 역시귀본逆時歸本, 즉 시대정신을 거슬러 삶의 근본을 되찾으려는 이들에게 산상수훈은 오래된 미래가 아닐 수 없다. 하지만 산상수훈이 우리의 길이 되기 위해서는 그 길을 걷는 이들이 필요하다. 예수가 앞서 걸었고 그의 제자들이 따라 걸음으로써 형성되었던 그 길은 지금 묵정밭으로 변하고 말았다. 이제 정말 소매를 걷어붙이고 돌을 치우고 온갖 잡된 것들을 뽑아낼 싹싹한 일꾼들이 필요하다.

예수는 육신이 되신 말씀이다. 신앙생활은 고백을 삶으로 번역하는 과정을 일컫는 말이다. 하나님을 사랑이라고 고백한다면 우리도 마땅히 사랑을 실천해야 할 일이고, 하나님을 정의라 고백한다면 정의를 세우기 위해 고난받기를 주저

하지 말아야 한다. "나는 믿습니다"라는 뜻의 라틴어 '크레도 *credo*'는 심장을 바친다는 뜻을 내포하고 있다. 신앙을 삶으로 번역하는 치열한 과정이 사상된 곳에 초월의 비전을 잃은 교회가 서 있다. 알천을 섭치로 바꾸며 살아온 터에 교회 비판이 가당키나 하냐는 자책이 없는 것은 아니다. 하지만 이제는 정말 다시 시작할 때이다. 근본을 되찾아야 할 때이다. 예수 정신의 알짬을 머리가 아닌 가슴으로, 아니 손과 발로 붙잡아야 할 때이다.

산상수훈을 다시 읽어본 까닭은 나름의 길 찾기였다. 비틀거리며 걸어온 시간을 돌아보며 다시금 되새기게 되는 것은 "고백을 실증할 수 있는 것은 행동밖에 없다"는 말이다. '삶이 메시지다.' 이 책은 그 길 위에 선 순례의 벗들에게 보내는 수인사이다.

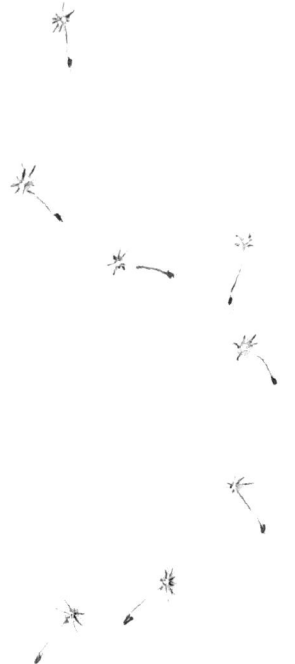

—
우리 존재가 하나님으로 채워지지 않을 때, 그 무엇으로도 해결할 수 없는 그리움이 엄습한다. 하나님에 대한 진정한 그리움을 품고 살다가 어두운 방에 비쳐드는 빛 띠처럼 시작도 끝도 없는 하나님의 숭고한 사랑에 눈뜬 사람은 이미 하늘나라에 속한 사람이다.
—

하 나 님 으 로   채 워 가 는   삶

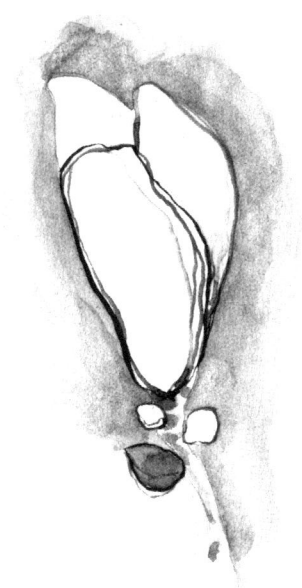

무리인가, 제자인가

사람들은 왜 산에 오르는가? "산이 거기에 있으니까!" 이것은 산악인의 말이다. "그곳에 길이 있으니까." 이것은 길을 찾는 구도자의 말이다. 길을 찾는다는 것은 길을 잃었다는 말이고, 길을 잃었다는 것은 본래 있어야 할 자리에 있지 않다는 말이다. 신은 나무 뒤에 숨은 남자(아담)를 찾아와 '네가 어디 있느냐?' 하고 물으셨는데, 이 물음은 당연히 그의 몸이 처해 있는 지리적 공간이 어디인지 물은 것이 아니다. 사실 이것은 질문이 아니라 '네가 있어야 할 자리를 떠났구나' 하는 책망이다.

우리가 발을 딛고 서 있는 예토穢土에서 인격의 통합성을 유지하고 살기란 결코 쉬운 일이 아니다. 어쩌면 인생은 물

결에 밀려 허둥대다가 겨우 몸을 추스르려는 순간 또 다른 파도가 몰려와 중심을 무너뜨리곤 하는 고통의 바다인지도 모른다. 인정하기 싫지만, 하구에 떠밀려오는 죽은 생선이나마 먼저 차지하려고 끼룩거리며 아귀다툼을 벌이는 리처드 바크의 갈매기 떼 속에는 나도 있고 당신도 있다. 삶은 그처럼 진부하다. '지지고 볶는다'는 말로 표현하려니 혀끝이 아릿하다.

예수께서 보신 '무리'는 바로 우리들이다. 말장난이지만 '무리'는 '리理'가 없는 사람들이다. 아니, 그 말은 너무 단정적이다. '리'를 따지고 살기에는 너무나 땅의 현실에 매여 있는 사람들이다. 예수는 왜 그들을 보고 산에 오르시는가? '거리'를 만들기 위해서이다. '거리'가 없으면 볼 수 없다. 높은 곳에 오르면 사람은 시인이 된다. 산문적 현실의 인력이 느슨해지는 순간 그의 속에서 운율이 솟아오른다.

산길을 걸으면 먼저 호흡이 가빠진다. 그리고 깊어진다. 일상의 인력이 느슨해지면서 귀는 더욱 예민해진다. 숲의 수런거림, 새들의 속삭임, 햇살의 밀어, 바람이 전하는 말이 비로소 들린다. 히브리의 한 시인이 "낮은 낮에게 말씀을 전해주고, 밤은 밤에게 지식을 알려준다"(시 19:2)고 했던 그 소리가 들리기 시작한다. 중국 티베트의 고봉 시샤팡마에 올랐던 어느 산악인의 고백처럼 높이 오를수록 마음은 더욱 낮아진다. 내가 해냈다는 생각은 사라지고, 내가 산의 품에 받아들여졌다는 안도감이 고마움이 되어 나타난다. 높은 곳에 오르면 왜 눈물이 나는가? 눈길이 트이기 때문이다. 대청봉에 올라야 내외설악이 두루 보이고, 산의 발치까지 밀려오는 동해바다가 한눈에 보인다. 그리고 나의 작음과 더불어 우주를 품고 있는 나의 큼 또한 보인다. 꼭 물리적인 산에 올라야 하는가? 아니다. 사막이 우리 마음에 있는 것과 마찬가지로 우리 가슴속에도 산이 있다.

> 가까이 갈수록 자꾸 내빼버리는 산이어서
> 아예 서울 변두리 내 방과
> 내 마음속 깊은 고향에
> 지리산을 옮겨다 모셔놓았다
> 날마다 오르내리고 밤마다 취해서
> 꿈속에서도 눈구덩이에 묻혀 허위적거림이여

이성부 시인의 〈지리산〉이라는 시이다. 다가갈수록 멀어지는 산이기에 마음 깊은 곳에 지리산을 옮겨다 모시는 마음, 그리고 날마다 그 산에 오르기 위해 애쓰는 마음이 눈에

잡힐 듯 선하다.

 예수께서 오르신 산을 찾기 위해 굳이 팔레스타인까지 달려갈 필요는 없다. 우리 마음속에 우뚝 서 있는 산, 정성과 근기로만 오를 수 있는 그 '참'의 산을 오르려고 마음을 오로지 할 때, 우리는 우리보다 앞서 그 길을 가셨고, 마침내 산이 되신 예수를 만날 것이다.

 산길을 마다하지 않고 예수를 따라 나선 이들, 한 말씀에 목이 마른 사람들, 그들을 가리켜 제자라 한다. 제자는 자기의 부족함을 안다. 자기의 부족함을 안다는 점에서 그는 지혜롭다. 아직 자기 속에서 깨달음의 샘물이 솟구쳐 나오는 경험을 하지 못했을 뿐이다. 알맹이가 터져 나오는 후련함을 맛보지 못한 사람이다. 사막에 사는 식물의 뿌리가 물기를 찾아 어두운 땅속을 혼신의 힘으로 더듬듯, 목마른 사슴이 시냇물을 찾듯 한 말씀에 대한 사무치는 그리움을 간직한 이가 제자이다. 예수를 믿는다는 사람은 많지만 예수의 제자가 되려는 사람은 많지 않다. 제자란 스승이 하는 일을 하는 사람이니까. 스승인 예수가 하신 일은 현대인들에게 그다지 매력적이지 않다. 남의 발을 닦아주고 강도 만난 이의 이웃이 되어주고 의를 위해 핍박받는 것은 관념 속에서는 '아멘'이지만 막상 현실 속에서는 '노멘'이다. 한국 교회에서 예수는, 그리고 말씀은 이처럼 소외되고 있다. "예수는 없다"고 사자후를 터뜨렸던 어느 진보 신학자의 외침은 과격하긴 하지만 우리의 허실을 드러내는 활인검이다.

돌아가신 성철 스님은 자신을 만나려면 먼저 삼천 배를 올려야 한다고 했다. 여기에는 에누리가 없다. 만남의 조건치고는 좀 별스럽다. 말이 쉬워 삼천 번이지 보통 결심으로는 할 수 없는 일이다. 삼천 배를 시도하다가 중도에 작파해버린 사람도 적지 않을 것이다. 별 생각이 다 들었을 것이다. '한 말씀 들으려고 내가 꼭 이 짓을 해야 하나.' '괜한 짓을 하는 건 아닐까.' 육체의 기운이 다해 더는 견딜 수 없을 때 '내 한번 끝장을 보리라' 하는 오기가 사람들을 부추긴다. 그러다가 오기라는 독기도 빠지고 나면 내가 절을 하는 건지, 절이 나인지도 모를 무심에 빠지고 그 다음에는 평안이 온다 한다. 마침내 몸과 마음이 부드러워진 것이다. 그 마음 밭에 던져진 말씀은 결코 하찮은 것이 아니다. 그는 이미 제자가 되었기 때문이다. 묵정밭에서 알곡이 자랄 수는 없다. 갈아엎어진 마음, 부드러운 마음, 자아의 껍질이 깨어진 마음이라야 말씀의 알곡이 맺힌다.

정의를 뿌리고 사랑의 열매를 거두어라. 지금은 너희가 주를 찾을 때이다. 묵은 땅을 갈아엎어라. 나 주가 너희에게 가서 정의를 비처럼 내려주겠다(호 10:12).

오늘 교회로 향하는 이들의 마음은 어떠한가? 예배 시간에 지각을 하지 않으면 다행이고 지각을 하고도 급한 약속 때문에 마음이 팔려 예배 중에도 연신 시계를 흘깃거리다가 축도가 끝나기도 전에 휙 예배당을 빠져나가는 이들이 많다. 아니면 다리를 꼬고 앉아 목사를 바라보며 '어디 나를 한번 감동시켜 봐' 하는 표정을 짓는 이들도 많다. 그도 아니라면 자기만이 참된 길을 안다는 몽상가들의 감언이설에 넘어가 영혼의 감옥에 자신을 스스로 유폐시킨 채 살아가는 수인들도 많다. 괴테는 《타우리스의 이피게니에 *Iphigenie auf Tauris*》에서 토아스의 입을 빌어 말한다. "인간은 노예근성에 젖어 있어서 자유를 박탈당하면 쉽사리 순종하는 법을 배운다." 많은 신자들이 스스로 생각하는 주체이기를 포기하고, 즉자적으로 주어지는 말씀에 순종하는 것이 믿음이라 생각한다. 그들은 천수답을 닮았다. 비가 오면 흡족해 하지만 가물면 타들어간다. 자기 속에서 샘물이 솟아오르지 않는 한 그 마음은 늘 푸석거릴 수밖에 없다. 예수는 외치신다.

나를 믿는 사람은 성경이 말한 바와 같이, 그의 배에서 생수가 강물처럼 흘러나올 것이다(요 7:38).

예수에게 나아가 그분에게 배우고, 그분을 닮으려고 모든 것을 다 버려두고 그를 따르는 제자들이 있는가? 왜 우리는, 그리고 나는 예수를 믿노라 하면서도 예수의 제자가 되려 하지 않는가? 옛사람은 심지心地를 밝히지 못했으면 천 리를 멀다 하지 않고 스승을 찾아가 길을 물었다 한다. 이미 스승을 얻었으면 곧 지팡이를 꺾어버리고 바랑을 높이 걸어두고 오랫동안 그를 가까이 하였다 한다. 운서 주굉의 말이다. 얍복강가의 야곱은 환도 뼈가 부러지면서도 천사를 놓아주지 않았다.

우리는 그만큼 예수를 든든히 붙잡고 있는가? 예수의 혼으로 거듭나기 원해 나를 버린 사람이라야 제자이다. 할 수만 있다면 그분의 모든 것을 배우고 싶다. 걸음걸이, 앉음새, 음식을 드시는 모습, 사람들을 바라보는 눈빛, 말씀하실 때의 어조, 기도하실 때의 자세, 홀로 계실 때의 표정…. 이것은 주체성이나 개별성의 포기가 아니다. 오히려 택선고집擇善固執하려는 결의이다. 예수에게 나아가기 위해서는 지금까지 내 것이라 생각했던 것을 버려야 한다. 나의 입장, 나의 체면, 나의 견해, 나의 경험, 사량분별思量分別하는 마음까지도. 갈릴리 어부들이 그물과 배를 버려두고 예수를 따랐다는 말은 하기 좋은 옛날이야기가 아니라 현재 진행형으로 재해석되어야 한다. 예수 앞에 나온 제자들은 더 이상 호기심에 사로잡힌 무리가 아니다.

우리 앞에 두 길이 있다. 무리로 살아가는 넓은 길과 제자로 살아가는 좁은 길이다. 예수는 영혼의 산으로 우리 앞에 계시다. 그 산을 오르기 위해 온새미로 힘을 쓸 때 우리는 어느덧 산이 될 것이다. 품이 넓은 산.

예수께서 자신의 사역으로 인해 큰 무리가 몰려드는 것을 보시고, 산에 올라가셨다. 예수께 배우고, 그분께 인생을 건 사람들도 함께 올라갔다(마 5:1).

가난한 마음

 마하트마 간디는 행복이 밖에서 오는 것이 아니라 안에서 온다고 말했다. 그러면 어떤 사람이 행복한가? 행복한 사람만이 행복하다. 행복한 사람, 그는 자기 속에 행복의 샘을 마련하고 살아가는 사람이다. 그는 세상의 신비에 놀랄 줄 알고, '살아 있음'의 근원적 슬픔을 모르진 않지만 그 슬픔 속에서도 해맑은 웃음을 지을 수 있다. 시련이 닥쳐와도 그 속에서 자기가 선택할 수 있는 가장 옳은 일을 발견하는 눈이 열려 있다. 누군가에게 받는 작은 도움에도 크게 감사한다.
 그러면 밖에서 오는 행복은 없는가? 바라던 일이 이루어질 때, 누군가의 따스한 눈길을 받고 있을 때 우리는 행복을 맛본다. 하지만 그것은 잠시 우리 곁에 머물다가 그림자처럼 스러지고 만다. 그 행복은 봄날의 아지랑이처럼, 땅바닥에 떨어져 뒹구는 꽃잎처럼 우리 속에 어질증만 일으키고 더 큰 상실로 아파하게 만든다. 욕망은 무한하고, 채워짐은 유한하다. 채워짐에서 행복을 맛보려는 이들에게 행복은 늘 손에 닿지 않는 저편에 있다.

몸과 마음 다스리기

연말이면 세상은 온갖 치장으로 들뜬 기분을 조장하지만 우울한 한때를 보내는 이들이 더 많은 듯하다. 크리스마스 시즌에 과지출한 카드대금 고지서들이 날아오고, 한 해를 시작하면서 세웠던 계획들이 맘처럼 되지 않아 자괴감은 더하고. 그러면 연말을 괴롭게 보내기 십상이다.

평생을 두고 볼 때 그리 길지 않은 한해를 보내면서도 감당하기 어려운 일들이 왜 그리 많은지 모르겠다. 건강이 안 좋아 고생하지를 않나, 수중에 돈이 없어 빈 주머니만 더듬거리지를 않나, 세웠던 계획이 물거품이 되지를 않나…. 이런 일들이 한꺼번에 닥치면 제아무리 유쾌한 사람일지라도 우울한 기분을 피할 수 없을 것이다.

취미 삼아 볼링 동호회에 나간 적이 있다. 그때 배운 것 중에 가장 중요한 것은 '컨트롤'이었다. 플로어에 올라 볼을 던질 때 손목의 각도와 스윙하는 힘을 어떻게 조절하느냐에 따라 볼이 굴러가는 각도가 달라진다. 결국 볼링을 잘 한다는 것은 볼 컨트롤을 잘 한다는 말이다. 그런데 문제는 고수가 아닌 이상 볼 컨트롤이 그때그때 다르다는 점이다.

어떤 날은 손을 떠난 볼이 부드러운 곡선을 아름답게 그리며 1번 핀과 3번 핀 사이를 정확하게 치고 나가서 스트라이크를 만든다. 하지만 어떤 날은 볼이 손을 떠나자마자 머릿속으로 그렸던 코스를 이탈해 영 이상한 곳으로 굴러 가거나 거터에 빠지는 날도 있다. 그러기를 여러 번 반복하면 짜릿한 손맛은 온데간데없이 사라져버린다. 급기야 팔만 아프게 하는 볼링을 왜 시작했나 싶고 게임비가 아깝다는 생각이 든다.

영성생활도 이런 패턴을 그리기 다반사이다. 머릿속으로 기대했던 삶과는 다른 삶이 현실로 펼쳐질 때 얼마나 고통스러운지 아마 모르는 사람이 없을 것이다. 마음은 원이로되 육신이 약하다는 사도의 고백이 내게서 터져 나오는 순간이다. "나는 속사람으로는 하나님의 법을 즐거워하나, 내 지체 속에는 다른 법이 있어서 내 마음의 법과 맞서서 싸우고, 내 지체 속에 있는 죄의 법에다 나를 사로잡는 것을 봅니다"(롬 7:22-23).

그렇다. 삶을 잘 사는 것은 성경의 통찰대로 내 마음과 몸을 잘 다스리는 것과 다름이 아니다. 하지만 사람은, 마음은 물론이거니와 행동 하나하나, 한 치 혀, 눈빛 하나도 쉬 조절하지 못한다.

복된 삶을 사는 비결

우리 교회는 "복 많이 받으세요"라는 새해인사 대신 "복되게 사세요"라는 인사말을 권한다. 복되게 살아야 복을 받는다는 생각에 택한 인사법이다. 한국 기독교인들의 신앙생활에서 중심을 차지하는 화두는 '복'일 것이다. 그렇다면 예수가 말씀하신 복, 특별히 산 위에 올라 말씀하신 팔복의 핵심은 어디에 있을까? 예수는 '사는 복'을 강조하셨다. 하지만 '받는 복'에 주목하는 것이 한국 교회의 현실이다.

어린 시절 어머니 손잡고 따라갔던 부흥회에서 한 강사 목사님이 들려준 이야기가 생각난다. 목사님이 중국에 갔을 때, 한 식당에서 거꾸로 써놓은 '복福'자를 보았단다. 지금은 대부분의 사람들이 그 이유를 알고 있지만, 당시는 하도 특이한 일이라 목사님은 식당 주인에게 연유를 물었다. 식당 주인은 이렇게 답했다고 한다. "복은 하늘에서 내려오는 것이지요. 그래서 하늘에서 이 가게로 많은 복이 내려오기를 빌며 이렇게 '복'자를 거꾸로 써놓았답니다." 이 이야기를 들려주면서 목사님은 이런 결론을 내렸다. "하나님이 복을 주셔야 복을 받지요. 더 열심히 기도하시고, 헌금하시고, 교회 봉사 많이 하세요. 그래야 복을 받습니다."

이 목사님의 말씀을 전적으로 부인할 생각은 없다. 하지만 어딘가 석연치 않은 구석이 있다. 하나님으로부터 받는 복과 그 복을 누리는 삶에 대한 언급은 있지만 우리가 일상에서 추구해야 할 '사는 복'에 대한 통찰이 너무도 빈약한 건 아닌지.

예수께서는 팔복에서 무조건적으로 '받는 복'보다는 '사는 복', 바로 복된 삶을 사는 비결을 이야기했다. 이런 관점으로 팔복을 대하면 아주 중요한 열쇠 두 가지를 발견한다. 이 열쇠는 머릿속에 그린 올바른 믿음의 삶이 현실에서 전혀 다른 그림으로 펼쳐지는 현상을 '컨트롤'할 수 있도록 도와줄 것이다.

첫 번째 열쇠 : '비움'

예수는 제자들을 향해 입을 여신다. "마음이 가난한 사람은 복이 있다." 군더더기 하나 없이 깔끔한 말씀이다. 맑은 하늘을 배경으로 바라보는 푸른 솔잎처럼 청신하다. 이 말에 무슨 구구한 설명이 필요할까? 그저 그 말씀과 만나면 그만이지. 하지만 말의 덧없음을 알면서도 주절거릴 수밖에 없는 이 속기俗氣를 어찌할꼬.

마음의 가난이란 대체 어떤 경지를 말하는 것인가? 아직 그 자리에 서보지 않았으니 말하기 난감하다. 어쩌면 그것은 '숭고함'에 스쳐서 세상의 모든 것과 '하나'가 될 수 있는 마음이 아닐까? 마음이 가난하지 않으면 '하나'가 될 수 없다. 우리는 누구를 만나든, 무엇을 만나든 습관적으로 각角을 만든다. 슬쩍 어깨를 견주어 보고 자기의 태도를 결정한다. 대상을 있는 그대로 만나는 것이 아니라, 대상을 '타자화'한 후 그 이미지를 소비한다. 우리와 마주 서 있는 대상들은 살아 숨 쉬는 인격이 아니라 좋음과 싫음, 아름다움과 추함, 쓸모 있음과 쓸모없음, 유력과 무력의 문법소들에 따라 분류된 객체일 뿐이다. 어쩌면 이것이 우리의 지옥인지도 모른다. 스스로 자신을 유폐할 뿐만 아니라 다른 이들도 가두고야 마는.

마음이 가난하다는 것은 그러한 지옥으로부터 벗어난 상태를 일컫는다. 하지만 어떻게? 때로 우리 마음이 가난해질 때가 있다. 눈앞에 보이는 세계 전체가 왠지 정겹고 아련하여 알 수 없는 평화가 깃들고 보이지 않는 끈이 나와 세상을 이어주고 있음을 직감하는, '나'도 없고 '너'도 없는 원융圓融의 순간 말이다. 문제는 이런 순간이 지속되지 않는다는 것이다. 자그마한 소리에도 우리의 위태로운 평화는 금이 가고, 잿빛 현실만이 냉혹하게 지배권을 주장한다. 이게 우리이다.

우리 마음의 창고에는 타자들을 공격할 수 있는 재래식 무기가 산처럼 쌓여 있다. 칼을 보면 찌르고 싶은 것이 본능이라 하던가. 우리는 이따금 '교만'의 칼을 들기도 하고, '적의'의 창을 꺼내들기도 한다. 물론 '열등감'의 방패 뒤에 숨기도 한다. 그런 무기들을 쓸어내지 않고는 마음의 가난이란 언감생심焉敢生心이다. 그렇기에 마음의 가난은 쉽게 얻을 수 없다. 우리는 언제 터질지 모르는 휴화산을 마음에 간직하고 살아간다. 교양과 체면으로 순치시키려 노력하고 있긴 하지만, 언제라도 불러일으켜 남을 할퀼 수 있는 발톱을 숨기고 살아간다. 아침마다 자기 별에 있는 화산을 청소하고, 바오밥나무의 뿌리를 뽑아내야 했던 생텍쥐페리의 '어린 왕자'처럼 우리도 우리 속에 있는 온갖 것들을 비워내지 않으면 안 된다.

서방교회 수도생활의 아버지로 불리는 성자 베네딕투스St. Benedictus von Nursia의 일화가 떠오른다. 그는 로마 근교에 있는 어느 계곡에 은거한 채 기도에 전념하고 있었다. 어느 날 이 수도자는 이전에는 한 번도 경험한 적이 없었던 육신의 유혹을 받았다. 악령이 언젠가 본 적이 있는 한 여인을 그의 마음의 눈앞에 떠오르게 한 것이다. 아름다운 그 여인에 대한 욕정의 불길이 베네딕투스의 마음을 태우자 그는 욕정에 못 이겨 동굴을 떠났다. 하지만 얼마 안 가서 그는 자신을 돌아보게 되었다. 하나님의 종으로 살겠다는 원대한 뜻을 버리고 육욕에 이끌리는 자신의 모습을 보는 순간, 그는 길가에 쐐기풀과 가시덤불의 관목이 빽빽이 자라난 것을 보았다. 그는 옷을 벗은 후 그 쐐기풀 위를 뒹굴었다. 온 몸이 피로 얼룩지고 견딜 수 없는 고통이 밀려올 때 비로소 그는 욕정에서 해방될 수 있었다. 그레고리오 대종은 《베네딕도 전기》에서 이 일화의 의미를 이렇게 요약하고 있다.

그러자 마음의 상처는 피부의 상처를 통해 육신에서 빠져나갔으니, 사실 그분은 욕정을 고통 안으로 끌어넣어 버리셨기 때문이다. 그리고 외적 피부는 복된 벌로 불타듯 화끈거렸지만, 내적 불은 내쫓기고 꺼져버렸다. 그분은 욕정의 불을 바꾸셨기 때문에 마침내 죄를 극복하셨던 것이다.

베네딕투스라는 위대한 혼을 낳은 것은 욕정을 고통 안으로 끌어넣으려는 치열함이었던 것이다. 그러한 치열함이 없이는 자아를 벗을 수 없다. 우리 마음에 더께로 쌓여 있는 온갖 잡동사니들, 우리 영혼을 암매暗昧의 혼돈 속에 가둬버리는 아상我相들은 아무리 벗으려 해도 벗겨지지 않는다. 먼 곳에서도 집을 찾아오는 것은 백구만이 아니다. 아상을 벗어버렸다고 생각하는 순간, 그는 다시 돌아와 소리도 없이 마음에 자리를 잡는다. 어찌해야 한단 말인가? 마음이 가난해야 하늘나라를 맛본다는데 그것은 영 불가능한 꿈인가?

함석헌 선생의 시 〈님이 오신다〉는 우리에게 희망의 메시지를 전한다. 하마 언제나 오실까 늘 그리던 님이 오신다는 소식을 듣고 시의 화자는 마음이 바쁘다. 님을 기다린다면서 늦잠을 잔 까닭이다. 방안 가득 허튼 것들이 가득 차 발 디딜 틈도 없다. 맑고도 거룩하신 님을 어찌 맞을까. 쓸고 닦고 고치고 물을 뿌려 보지만, 더께로 앉은 때가 쉽게 지워지지 않는다. 앞길에는 돌이 드러나고 다리는 무너졌다. 안타까운 마음에 허둥대고 있는데, 이미 곁에 오신 님이 다정하게 말씀하신다.

이 애 이 애 걱정 마라

나도 같이 쓸어주마
나 위해 쓸자는 그 방
내가 쓸어 너를 주고
닦다가 닳아질 네 맘
내 닦아주마

쓸지 닦지 하던 마음
그것조차 맘뿐이고
님이 손수 쓸으시고

나까지도 앉으라시니
내 자랑이라곤 없소이다
참 없소이다

님이 오시니 스스로 밝힐 수 없던 영혼의 방 저절로 밝아지고, 스스로 맑힐 수 없었던 마음의 방 저절로 맑아진다. 이게 은혜이다. 그 속에 나는 없다. 물론 그렇다. 하지만 영혼의 방을 깨끗이 하고 님을 맞으려는 나의 허둥댐, 그것을 님은 소중히 받으신다. 깨끗해서 님이 오시는 것이 아니라 님이 오시니 깨끗해지는 것이다.

이제 알겠다. 마음의 가난은 선물이다. 소중한 님을 맞이하려고 애태우며 자기를 닦는 사람에게 주어지는 선물이다. 쐐기풀 위를 뒹구는 고통을 통해 욕정의 불을 끈 베네딕투스라 해도 깨끗한 마음을 스스로 얻을 수는 없다. 중광이라는 스님은 '이 세상에 팬히 왔다 간다'는 말로 세상과 작별했다. 이것은 무심한 체 멋을 부린 말이 아니다. 자기 속의 악마와 피나는 싸움을 벌여본 이가 아니면 할 수 없는 말이다. 자기 속의 악마와 싸워본 이들만이 받아들여짐의 기쁨을 안다.

두 번째 열쇠 : 채움

소망하는 바가 마음을 채운다. 한 사람을 사랑하게 되면 책을 봐도 그 사람 얼굴이 떠오르고, 달을 봐도 그 사람 얼굴이 떠오른다.

팔복이 우리들에게 주는 두 번째 열쇠는 '채움'이다. 그 존재 안에 무엇이 담겨 있는가가 그 존재를 규정한다. 아무리 오랫동안 교회를 다녔다고 해도 그 존재 안에 성령님이 담겨 있지 않고 오로지 세속적인 욕망과 허망한 이기심을 지향하는 이라면 그는 '신자'가 아니다. 예수는 산 위에서 우리에게 물으신다. "그대는 복 받을 만한 것을 채우며 사는가?"

팔복의 핵심은 '하나님'이다. 그저 하나님이 계시고 그분의 영으로 채워진 것이 복이다. 심령이 가난한 자들이 받게 되는 나라도 이 세상에 있는 나라가 아니라 하나님나라요, 세상 아픔에 눈물 흘리는 자를 위로하시는 분도 하나님이시며, 온유한 자를 알아보시고 그에게 땅을 주시는 분도 하나님이시다. 의에 주리고 목마른 자를 배부르게 하실 이도 하나님, 긍휼한 마음 품은 이들을 불쌍히 여기시는 이도 하나님이시다. 마음이 깨끗한 자에게 자신을 드러내 보이시는 분도 하나님이시다. 평화를 만들어나가는 이들을 자녀로 삼는 분도 하나님이시다. 의를 위해 핍박받는 자들에게 천국의 시민권을 주시는 분도 하나님뿐이시다. 우리 존재에 가득히 채워야 할 단 하나, 하나님. 그분은 복의 내용이요, 우리 안에 채워야 할 소망이며 지향해야 할 목표이다.

비우고 채운 자의 고백

팔복 중 첫 번째 복의 비결은 한 마디로, 자기를 비우고 하나님을 채우는 것이다.

19세기 중반에 살았던 한 프랑스 장교의 이야기이다. 그는 어려서 부모를 여의고 방종과 나태와 혼돈 속에서 젊은 시절을 보냈다. 군 제대 후 탐험가가 된 그는 모로코를 탐험하던 중 무슬림들이 깊은 신앙 안에서 하나님의 현존을 체험하며 사는 모습을 보고 큰 충격을 받았다. 그때부터 그는 철저히 자신을 비우고 하나님을 채워가며 살게 된다. 나중에는 한 신부에게서 "예수님이 어찌나 낮은 자리를 차지하셨던지 아무도 결코 더 낮은 자리를 차지할 수 없다" 하는 말을 듣고는 세속의 나라 프랑스를 떠나 성지 나사렛, 사하라 사막의 수도원에 들어가 영성생활을 계속한다. 원주민들에게 예수를 알려주고, 군인들을 위해서 미사를 인도하고, 치료의 손길이 희박한 그곳에서 아픈 병자들을 돌보기 위해 그는 떠나야만 했다. 하지만 그는 하나님의 현존 앞에 앉아 그분과 대화를 나눌 것인가 자신의 섬김을 애타게 기다리는 이들을 위해 수도원을 떠나야 하는가 늘 고민했다고 한다. 그것이 그의 유일한 고민이었다. 그가 바로 위대한 성직자이자 탐험가 샤를 드 푸코 Charles-Eugène Foucauld이다. 그는 이렇게 고백한다.

하나님, 당신은 얼마나 좋은 분이십니까! 오늘 아침 저는 이 작은 오두막집에 있습니다. 여기서 당신 발치에 앉아 고요한 밤 시간을 보내는 것, 모든 것이 잠든 때 당신과 단둘이 있는 것, 홀로 당신을 찬미하는 것, 모든 것이 어둠과 침묵과 잠에 빠져든 때에 당신을 사랑한다고 말씀드리며 당신을 사모하는 것은 얼마나 감미로운지요! 지금이야말로 더없이 큰 은혜의 때입니다. 나는 성체 앞에, 그것도 현시된 성체 앞에 있습니다. 오오, 하나님, 당신 곁에 당신과 마주보며 있다는 것은 얼마나 큰 행복입니까! 아무쪼록 제가 합당한 방법으로 여기에 있을 수 있게 해주시고 당신에 의해서, 당신 안에서, 당신을 위해서 제가 가져야 할 생각과 말을 할 수 있게 해주십시오.

참으로 복된 사람만이 드릴 수 있는 기도이다. 자기를 비우고 하나님으로 자신을 온전히 채운 자의 고백이다.

우리 존재가 하나님으로 채워지지 않을 때, 그 무엇으로도 해결할 수 없는 그리움이 엄습한다. 하나님에 대한 진정한 그리움을 품고 살다가 어두운 방에 비쳐드는 빛 띠처럼 시작도 끝도 없는 하나님의 숭고한 사랑에 눈뜬 사람은 이미 하늘나라에 속한 사람이다. 음습하고 어두운 욕망의 먼지를 쓸고 닦느라 결국은 닳아져버린 마음, 깨끗한 그 마음, 그것이 하늘이 아니고 무엇이랴. 그러나 이 하늘은 일체의 인위적인 행위가 표백된 부동의 세상이 아니다. 하늘에 속한 자는 하늘의 일을 한다. 가르지도 나누지도 차별하지도 않으면서 두루 보살펴 생명을 꽃피우게 하는 그 일을 말이다. 당신을 버리고 떠난 제자들을 노여워하기는커녕, 절망의 바닷가로 찾아와 밥상을 차려주시던 예수, 자기를 십자가에 못 박는 이들을 위해 기도하시던 예수, 그분이야말로 마음이 가난한 분이 아닌가. 마음이 가난한 이가 머물다 간 자리에는 흔들릴 수 없는 평화와 훼손될 수 없는 아름다움이 남는다.

아, 하지만 "묵고 묵어 앉고 앉은 이 먼지를 다 어찌할꼬?"

벼랑 끝에 서 있는 너희는 복이 있다. 너희가 작아질수록 하나님과 그분의 다스림은 커진다(마 5:3).

삶을 깊게 만드는 슬픔

슬퍼하는 사람이 복이 있다니, 이 말은 아무래도 이해하기 쉽지 않다. 행복한 사람은 슬퍼하기보다는 기뻐한다. 이게 상식이다. 오랜 기다림 끝에 마침내 결혼식장에 들어서는 신랑 신부의 들뜬 표정은 슬픔이 아니라 기쁨의 표현이다. 산고 끝에 태어난 아기를 바라보는 엄마의 얼굴에 어리는 것은 슬픔이 아니라 말할 수 없는 사랑이다. 그렇다면 "행복하기 위해서는 슬퍼해야 한다"고 이 말씀을 단순하고 무식하게 환언해서는 안 되겠다. 물론 그렇게 생각하는 사람은 없겠지만.

돌아보면 슬픔은 우리 삶의 갈피마다 배어들어 그늘을 이루고 있다. 이별, 이루지 못한 꿈, 뜻하지 않은 생의 시련, 그리고 고요한 시간 어디선지 모르게 나타나 슬며시 우리를 사로잡는 불안…. 그런데 놀랍지 않은가? 사람마다 일단 피해보려고 하는 그런 계기들이야말로 우리 삶을 다채롭고 깊이 있게 만드니 말이다. 하나님나라에서라면 모르되 어둠이 없는 밝음, 끝없이 이어지는 밝음은 고통이 아닐 수 없다. 어둠이 있어 밝음이 고마운 것이다. '너' 없는 '나'를 상상할 수 없듯이 슬픔을 배경으로 하지 않는 기쁨은 기쁨일 수 없다. 노아의 방주에 부정한 짐승까지도 한 쌍씩 승선이 허락된 것은 이 때문일 것이다. 산이 높으면 계곡도 깊게 마련이다. 계곡은 산이 접힌 부분이고, 옛사람의 말대로 그 접힌 부분, 곧 거뭇한 골짜기에서 만물이 나온다. 이렇게 보면 슬픔도 복이 된다는 말은 결코 빈말이 아님을 알 수 있다. 그러면 슬픔은 어떻게 복이 되는가?

슬픔의 심연에서

연암 박지원의 《열하일기》에는 그가 드넓은 요동벌과 상면할 때의 감격을 표현한 글이 있다. 그는 삼류三流河를 건너 냉정冷井에서 아침을 먹고 십여 리를 더 가다가 어느 산자락을 벗어나면서 광활하게 열린 벌판과 마주하게 된다. 망망한 시계視界, 텅 비어 허허로운 풍경 앞에서 그는 잠시 말을 잊는다. 말을 세우고 사방을 돌아보던 연암은 자기도 모르게 손을 들어 이마에 얹고서 말한다. "좋은 울음터로다. 울 만하구나." 뚱딴지같은 소리이다. 하지만 그 마음을 알 것도 같다. 연암은 단순하기에 한없이 넓은 그 풍경 앞에서 작은 지평 속에 갇힌 채 아옹다옹 살아온 자기 존재의 작음을 절감했을 것이다. 별이 총총한 밤하늘을 바라보다가 저 끝 모를 어둠, 한없이 뒤로 물러서기만 하는 그 어둠에 마음을 빼앗겨 자기도 모르게 눈물을 흘리는 이들의 마음이 이러할 것이다.

게네사렛 호숫가에서 예수의 발 앞에 엎드려 "주님, 나에게서 떠나주십시오. 나는 죄인입니다"(눅 5:8)라고 고백했던 베드로의 마음이 이러했을 것이다. 다른 점이 있다면 베드로는 엎드렸지만 연암은 울음에 대한 변설을 도저到底하게 풀어놓았다. 나의 작음을 자각하는 데서 비롯되는 입구도 출구도 없는 슬픔, 그렇기에 근원적이라 할 수 있을 그 슬픔은 우리를 피폐하게 만들기보다는 오히려 정화해준다. 자아와 어두운 욕망의 오예汚穢를 벗지 못한 채 부풀어 올랐던 삶에 여백을 만들어 평안을 누리게 해준다.

마종기 시인의 〈나무가 있는 풍경〉은 슬픔과 눈물이 우리 삶에서 어떤 역할을 하는지 잘 보여준다. 사랑하는 동생을 잃고 시름에 겨워하던 시인은 어느 날 예배 중에 '두려워하지 마라, 내가 네 옆에 있다'는 말씀을 듣는다. 성긴 눈발이 내리는 날이었다. 그는 옷깃을 여민 채 주위를 둘러본다.

누구요? 안 보이는 것은 아직도 안 보이고
잎과 열매 다 잃은 백양나무 하나가 울고 있습니다.
먼지 묻은 하느님의 사진을 닦고 있는 나무,
그래도 눈물은 영혼의 부동액이라구요?
눈물이 없으면 우리는 다 얼어버린다구요?
내가 몰입했던 단단한 뼈의 성문 열리고
울음 그치고 일어서는 내 백양나무 하나.

보이는 것이라고는 허공을 배경으로 노박이로 서 있는 나무 한 그루뿐이다. 잎과 열매를 다 잃어버려 쓸쓸한 나무, 시인의 심상에 비친 나무는 울고 있다. 그런데 그 나무는 그저 울고 있는 게 아니다. 먼지 묻은 하느님의 사진, 눈에는 보이지 않는 그 사진을 눈물로 닦고 있는 것이다. 놀라운 시적 도약이다. 시인은 누구에게랄 것도 없이 묻는다. "그래도 눈물은 영혼의 부동액이라구요?/ 눈물이 없으면 우리는 다 얼어버린다구요?" 이것은 물음이 아니라 진술이고 확언이다. 어쩌면 시인의 눈에 어리었을 그 눈물은 그를 한동안 가두었던 어두운 사념, 혹은 절망의 문을 열어젖힌다. 슬픔과 눈물은 세상의 인력을 약하게 만들고 진심의 문을 여는 묘약이 아닌가. 시인은 자기 속에서 일어서는 뭐라 이름할 수 없는 힘을 느낀다. 뭐라 이름할 수 없기에 시인은 그것을 "내 백양나무 하나"라고 표현한다. 하나님의 사진을 닦고 있던 백양나무는 이제 외적 대상물, 저 밖에 서 있는 무정물이 아니라 시인의 마음속에 세워진 '한 말씀'이다. 그 나무는 이미 울음을 그쳤다. 슬픔의 시효가 지났기 때문이 아니라 슬픔과 눈물을 통해 새로운 위로의 세상을 보았기 때문이다. 함석헌 선생은 "눈에 눈물이 어리면 그 렌즈를 통해 하늘나라가 보인다"고 했다. 시인은 과연 하늘나라를 본 것일까?

울음, 새로운 생의 박명

우리는 성경에서 이보다 더욱 처절한 울음소리를 듣는다. 대제사장 가야바의 집 문밖에서 터져 나온 베드로의 오열이 그것이다. 깨달음은 현실보다 늘 늦게 오는 법. 베드로는 닭 울음소리를 듣고서야 "오늘 닭이 울기 전에, 네가 세 번 나를 모른다고 할 것이다"(눅 22:34)라고 하신 주님의 말씀이 떠올라 통곡한다. 결정적인 위기를 맞을 때 사람은 자기도 모르는 사이에 겁쟁이가 된다 하지 않던가. 베드로는 주님이 죽는 자리에도 함께 가겠다 했던 자기의 큰소리가 얼마나 허망한 것이었나를 절감하며 운다. 그의 곁에는 손을 잡아 줄 친구조차 없다. 하지만 절대적 고독 속에서 터져 나오는 울음이 자기를 새로운 생의 박명薄明으로 이끌 줄 그가 알았을까? 통곡은 한계에 대한 절감이고, 수치심을 받아들임이고, 자기가 어쩔 수 없이 나약한 한 인간임을 드러내는 표지이다. 그렇기에 울음은 단단한 끈이 되어 그를 예수에게 단단히 비끄러맨다. 눈물을 통해 그는 비로소 예수가 꿈꾸셨던 새로운 세상의 초석이 될 수 있었다.

또 우리는 어린 자식과 함께 주인의 집에서 내쫓겨 광야를 방황하던 하갈의 처절한 울음소리를 기억한다. 가져온 물과 음식은 떨어지고 살 희망조차 사라져 지쳐 쓰러진 자식을 그저 무력하게 지켜볼 수밖에 없는 어머니의 피맺힌 울음소리, 어디에서도 위로의 눈길이나 손길을 찾을 수 없어 더욱 처연한 그 울음소리, 그리고 엄마의 울음에 전염되어 슬피 우는 이스마엘의 울음소리. "하나님이 그 아이가 우는 소리를 들으셨다"(창21:17). 이 한마디로 족하다. 창세기의 기록자는 말의 경제성을 아주 잘 아는 사람이다. 하나님이 들으셨다는 말보다 더 큰 위로와 희망은 없다. 이 말 한마디로 메말

랐던 하갈의 마음에 물이 오른다. 그의 눈이 밝아져 샘을 발견했다는 말은 췌사贅辭일 뿐이다. 무력함의 심연에서 더 이상 자신에게 희망을 걸 수 없어 하늘만 바라볼 때, 그때 하늘의 위로가 다가온다.

정의를 위한 슬픔

그러나 이런 말조차 사치스럽게 여겨질 때가 많다. 우리 이웃들이 겪는 아픔은 인류의 고통이라고 말하기에는 너무나 구체적이고 생생하다. 한가롭게 "생은 무상하니까"라고 말하려는가? 기쁨과 슬픔도, 삶과 죽음도 본래 텅 빈 것이라 말하려는가? 우리 시대의 하갈들은 훨씬 더 열악한 생의 조건 속에서 살아간다. 거듭되는 전쟁으로 가족을 다 잃고 몸 안에 있는 눈물도 다 말라 희로애락의 표정조차 잃어버린 여인들, 굶주려 울다가 울 기력조차 잃어버린 채 텅 빈 시선으로 허공을 바라보는 아이들, 그들은 거울이 되어 우리를 비춰준다. 그 속에는 하나님이 주신 얼굴을 잊어버리고 사나운 이리와 탐욕스러운 돼지로 변해버린 우리의 모습이 보인다. '우리'라는 말이 마음에 들지 않는다면 '나'라고 하겠다.

인정의 폐허가 되어버린 예루살렘을 바라보며 "길 가는 모든 나그네들이여, 이 일이 그대들과는 관계가 없는가?"(애 1:12) 하고 물었던 예레미야의 외침이 쇠북소리처럼 울려온다. 길이 보이지 않는다. 위로도 없다. 어쩌면 고도Godot는 오지 않을지도 모른다. 그렇지만 죽을 수도 외면할 수도 없다. 수치와 분노의 감정은 점차 연민으로 바뀐다. 그들의 고통이 나와 무관할 수 없다는 자각이 서서히 찾아온다. 그리고 "예루살렘의 딸들아, 나를 두고 울지 말고, 너희와 너희 자녀를 두고 울어라"(눅 23:28) 하셨던 예수의 말씀이 또렷하게 떠오른다. 우리가 우리 이웃들을 위해 울 때, 그들의 눈물을 닦아주기 위해 땀 흘릴 때, 정의에 대한 갈망 때문에 허덕일 때 우리는 예수의 십자가와 비로소 결합된다. 그 십자가를 통해 우리는 더 큰 생명에 가담하게 된다. 그것이야말로 복음적 위로, 곧 구원이 아닌가.

자기 연민을 환기시키는 값싼 슬픔 말고 존재의 다른 차원을 여는 슬픔을 맛보는 사람들은 행복하다. 누구도 흔들 수 없는 궁극적 위로 속에서 살게 되기 때문이다.

가장 소중한 것을 잃었다고 느끼는 너희는 복이 있다. 그때에야 너희는 가장 소중한 분의 품에 안길 수 있다(마 5:4).

'있음' 자체가 하는 일

그녀는 내게 신성한 존재이다. 그녀 앞에 나서면, 모든 욕정이 잔잔해지니 말이다. 그녀 곁에 있으면, 내 기분을 알 수가 없다. 마치 영혼이 내 모든 신경에서 거꾸로 돌아가는 듯하다. 로테에게는 자기 멜로디가 있다. 그녀는 피아노로 그 멜로디를, 천사같이 신비스런 힘으로 소박하고도 거룩하게 연주한다! 그것은 그녀가 좋아하는 가곡이다. 그 악보의 첫머리만 두드려도 내 모든 고통, 모든 혼란, 걷잡을 수 없는 괴로움이 깨끗이 사라지고 만다. _괴테,《젊은 베르테르의 슬픔》

온유함을 생각하는 내게 왜 돌연 이 구절이 찾아온 것일까? "그녀 앞에 나서면, 모든 욕정이 잔잔해진다"는 말 때문이리라. 다른 곳에서 베르테르는 고백한다. "그녀가 나를 사랑하게 된 이후 '나'라는 인간이 얼마나 귀중한 존재가 되었는지 모른다." 이 대목만으로 보면 베르테르의 '그녀'는 적어도 상대를 열정의 포로로 만들지는 않는 것 같다. 오히려 깃들 곳을 찾아 이곳저곳 기웃거리는 욕정을 가라앉힌다. 주문을 외워서 한 일도 아니고, 탄복할 만한 말솜씨로 그리한 것도 아니다. 로테의 '있음' 자체가 한 일이다. 조금 호사스럽게 말하자면 '하지 않음의 힘'이다. 또한 그의 '있음'은 앞에 마주 선 다른 존재를 귀중한 존재로 바꾸고 있다. 아무런 물리적, 정신적 강제도 없이 상대를 무장해제시키고 그의 존재를 고양시키는 힘, 나는 이것을 온유함이라고 생각한다.

존재의 의미

저마다 지친 듯 권태로운 낯빛으로 걷는 사람들 틈에서 부드러운 표정을 짓고 있는 사람을 만나면 행복하다. 괜히 말이라도 건네고 싶다. 영악하지 않고 숫된 얼굴을 한 사람, 금방이라도 웃음을 터뜨릴 것 같은 사람, 초가지붕 위에 떠오른 보름달처럼 원만한 미소를 짓고 있는 사람을 보면 굳어진 얼굴을 펴지 않을 수 없다. 그들은 상처받기 싫고 복잡한 일에 연루되기 싫어 마음에 울타리를 치고 살아가는 사람들의 마음의 벽을 허무는 여우(?)이다. 그런 이들을 만나면 마음이 넉넉해진다. 그들 속에는 머물 곳이 많기 때문이다. 그들은 세상을 넉넉한 시선으로 바라본다. 그래서 각박하지 않다. 판서 오상吳祥이 시를 지었는데,

희황 적 즐거운 풍속 쓸어낸 듯 사라지니(羲皇樂俗今如掃)
봄바람 술잔 사이에만 남아 있을 뿐일세(只在春風杯酒間).

상고 시대의 즐거운 풍속이 다 사라지고 비루해진 여항의 삶에 마음이 상했던 모양이다. 그래서 겨우 봄바람 맞으며 술 마시는 속에서나 그때의 즐거움을 찾는다고 말하는 것이다. 그런데 상진尙震이라는 이가 이 시를 읽더니 "말을 어찌 이리도 박절하게 하는가?" 하고 나무라고는 이렇게 고쳤다 한다.

희황 적 즐거운 풍속 지금껏 남았으니(羲皇樂俗今猶在)
봄바람 술잔 사이를 살펴보게나(看取春風杯酒間).

조삼모사朝三暮四의 고사처럼 내용은 달라진 것이 없어도

세상을 바라보는 시선에 따라 느낌은 사뭇 다르다. 상진의 눈길은 그윽하고 따뜻하다. 마치 초록 바람이 일 것 같지 않은가. 온유한 사람은 누구인가? 예수를 닮은 사람이다. 남의 눈에서 티끌을 찾으려는 욕망으로부터 자유롭고 자기를 내세우려는 허망한 욕망의 부질없음을 아는 사람, 어둔 세상을 보고 야유하기보다는 그 속에 있는 희망의 단초를 보고 기뻐하는 사람, 투박한 갈릴리 어부의 가슴에 숨겨진 '반석'을 보는 사람, 모두가 탕녀라고 손가락질하는 여인에게서 '성녀'를 보는 사람, 자기를 과시하고픈 욕망을 버렸기에 어느 경우에나 호들갑스럽지 않은 사람, 예수는 그런 분이셨다.

로테의 사랑은 베르테르를 귀중한 존재로 만들었다. 예수의 사랑은 수많은 베르테르들을 귀중한 존재로 만든다. 예수는 생명의 모태이고, 씨앗이 발아하는 땅속이고, 알을 품고 있는 어미 새이다. 그 품은 지나치게 뜨겁지도 않고 너무 차갑지도 않다. 언제부터인지 나는 목소리 큰 사람, 너무 열정적인 사람이 무서워졌다. 열정이 없는 삶의 권태로움을 모르지 않는다. 찬 샘과 같은 인격을 사랑하지 않는 것이 아니다. 하지만 우리는 열정적인 사람의 큰 소리는 때로 강박적이고 지나친 열정은 폭력적임을 너무 오랫동안 경험해왔다. "네가 이렇게 미지근하여, 뜨겁지도 않고 차지도 않으니, 나는 너를 내 입에서 뱉어버리겠다"(계 3:16). 라오디게아 교회가 받았던 책망 때문에 '미지근함'은 구토를 일으키는 악덕으로 취급받고 있지만, 그래도 나는 미지근함을 용납하고 싶다.

어려웠던 시기, 젊은이들에게 회색분자라는 낙인은 젊음의 사망선고처럼 인식되었다. 하지만 회색을 용납하지 않는 흰색과 검은색으로 이루어진 세상이 아름다웠던가? 과도한 열정은 충족되지 않은 부분을 남기게 마련이고 연소되지 않고 남은 찌꺼기는 독성으로 변하곤 한다. 자기 확신에 가득 차서 자기와 다른 이들을 용납하지 못하는 정신의 파시즘은 우리 생활 곳곳에 깊이 뿌리를 내리고 있다. 어떤 대상에 대한 탐욕적 집착, 질서에 대한 과도한 욕구, 이념에 대한 맹목적인 충성, 종교적인 독선과 오만 등 가장 집요하면서도 선명해 보이는 이런 것들이 세상을 얼마나 음산하게 만들었던가. 그 속에서 생명은 질식할 뿐이다.

하류는 위대하다

시인 고은은 "하류는 위대하다"고 했다. 왜 상류가 아니고 하류인가? 물론 하류는 상류에 비해 탁하다. 이런 저런 지천과 합류하면서 온갖 잡다한 것들을 받아들여 자기 속에 품기 때문이다. 눈물의 실개천이 합류하고, 절망의 샛강이 흘러들고, 어둠 속에서 몰래 방류된 욕망이 흘러들어 유장한 흐름을 만든다. 상류가 맞갖잖게 여기는 탁한 물줄기조차 슬그머니 기어들어와 한 몸으로 뒤섞인다. 누구도 남보다 앞서기 위해 경쟁하지 않고, 허영을 위한 자기 치장에 열을 올리지 않기에 하류는 편안하다. 남을 위한 여백이 많다. 큰 네모에는 각이 없다는 말이 있듯이 하류는 다른 이들과 예각을 이루는 직선의 사람보다는 둔각을 이루어 조화와 편안함을 만드는 곡선의 사람이 많다. 그런데 하류는 왜 위대한가? 온갖 잡것들이 흘러들어와 혼탁해진 것 자체가 위대함은 아닐 터이다. 하류의 위대함은 바다에 가깝다는 사실에서 찾아야 한다. 자기를 흐르게 한 것이 바다임을 아는 하류만이 위대하다.

　이제 비유를 거두자. 스스로 깨끗하다고 생각하는 사람들은 다른 이들과 섞이려 하지 않는다. 어떻게든 그들과 자기를 구분함으로 우월적 지위를 확보하려 한다. 하지만 의인/죄인, 유대인/이방인, 남자/여자, 거룩함/속됨, 정결/부정, 신자/비신자를 구별하려는 집요한 노력에 찬물을 끼얹으면서 그들 사이에 난 틈을 사랑으로 메우는 것이 하나님의 뜻이다. 그러니 예수가 기득권자들의 눈에 '하류'의 사람으로 비추었을 것은 불문가지이다. 하지만 그는 결코 더럽혀지지 않았다. 자기 속에 온갖 더러운 것들을 발효시키고 곰삭히는 효모를 간직하고 있었기 때문이다. 그것은 하나님나라에 대한 비전이었다.

그가 격정 속에서 자기를 잃지 않고 과도한 열정으로 다른 이들을 질식시키지 않을 수 있었던 것은 자기를 위해서는 아무것도 구하지 않고 오직 하나님나라만을 구했기 때문이다. 때로 예수가 과격해 보일 때도 있다. 그는 음탕하고 희망이 없는 세계에 불을 던지러 왔다고 고백했고, 수면에 비친 자기 영상에 취해 있는 이들을 깨우기 위해 수면을 흐트러뜨리는 것도 주저하지 않았다. 깊이 취해 있는 자들에게는 어정쩡한 애정보다는 충격이 필요함을 알았기 때문일 것이다. 그럼에도 불구하고 그는 온유하다. 그 모든 행위가 자기와 대면하고 있는 이들 속에 참 생명을 낳아주기 위한 몸짓이었으니 말이다.

설 땅이 되어주는 사람들

"온유한 사람이 땅을 차지한다"는 말은 하나님의 나라에 대한 약속이다. 하나님의 나라에 들어갈 사람은 다른 이들을 위한 여백을 만들며 사는 사람이라는 말일 것이다. 한 걸음 더 나아가면 다른 이들의 설 땅이 되어주는 사람들이야말로 하나님의 나라에서 자리를 차지하게 된다는 말이 아닐까 싶다. 아, 이 말씀 명료하기도 하다. 믿는다고 하면서도 제 살 궁리만 하고, 남을 궁지로 몰아넣는 사람들은 좀 정신을 차려야겠다. 천국 가기를 원하는가? 그렇다면 무력해서 땅에서 내몰리고 있는 사람들의 설 땅이 되어주어야 한다. 장애를 안고 살아가는 이들의 손과 발이 되고, 말 못하는 이들의 입이 되고, 보지 못하는 이들의 눈이 되는 것, 그럴 힘이 없다면 그들 곁에 머물면서 기막힌 사연이라도 들어주는 것, 그것이 천국 가는 길이다.

차가운 담백함을 지니면서도 봄바람 같은 마음을 간직한 사람, 골기骨氣를 가지고 있으면서도 품이 넉넉하여 다가온 사람과 흉금을 트고 지내는 사람, 뭔가를 한다고 주장하는 법이 없지만 그가 지나간 자리마다 새 생명이 움트게 하는 사람, 있음만으로도 세상을 훈훈하게 만드는 사람, 그가 땅을 차지할 온유한 사람이 아닌가? 그런데 나는? 그리고 이 글을 읽고 있는 당신은 어떠한가?

더도 말고 덜도 말고 자신의 모습 그대로 만족하는 너희는 복이 있다. 그때 너희는 돈으로 살 수 없는 모든 것의 당당한 주인이 된다 (마 5:5).

—
신적 코스모스를 향한 갈망
—

지난 해 동안 잘 버텨주던 화초가 드디어 완전히 말라죽었습니다. 화분에 새 화초를 심으려고 죽은 화초를 뽑아냈습니다. 그런데… 놀랍게도 화분은 죽은 화초의 뿌리로 가득 차 있었습니다. 말 없던 저 작은 생명이 살고자, 살아남고자 화분의 흙과 물을 다 먹고 몸부림친 것이었습니다. 진심으로 미안합니다. 生命에게.

기독교환경운동연대가 발행하는 소식지에 나오는 '거친 돌'씨의 반성문이다. 이 반성문을 대하는 순간 목이 말랐다. 물병을 더듬어 물 한 모금을 삼키고 나니 또 죄스러웠다. 우리 사는 꼴이 늘 이 모양이지 하는 생각 때문이었다. 물과 필요한 양분을 찾아 힘을 다해 흙을 더듬는 뿌리의 욕망은 매우 근원적이다. 청마 유치환은 바람에 펄럭이는 '깃발'을 통해 '소리 없는 아우성'을 들었지만 우리는 물을 찾는 뿌리의 안간힘을 소리 없는 아우성으로 듣는다. 햇빛을 향해 일제히 고개를 돌리는 여린 잎들의 아우성도 마찬가지이다. 세상은 '나는 목마르다'는 외침으로 가득 차 있다. 그런데 이성적 존재라는 사람의 목마름은 너무나 근원적이어서 한 잔의 물로는 해갈되지 않는다. 햇빛 속에 있어도, 그늘 속에 있어도 마찬가지이다. 코헬렛(전도서)은 "모든 강물은 바다로 흘러가도, 바다는 넘치지 않는다"(전 1:7)고 했다. 넘치지 않는 바다처럼 우리 속의 목마름은 해소될 줄 모르는 심연이다.

'의'에 주리고 목마른 자

1970년대 억압적인 정권 아래서 울울한 가슴을 풀길 없었던 젊은이들에게 세상은 절벽이었다. "술 마시고 노래하고 춤을 춰 봐도 보이는 건 모두가 돌아앉았네." 미칠 노릇이었다. 마주 봄이 생명의 본성일진대, 현실은 모두 돌아앉아 있는 것이다. 탈출구 없는 현실에 목이 타 어떤 이들은 동해바다로 고래를 잡으러 가고, 어떤 이들은 "타는 목마름으로 민주주의여 만세"를 외쳤던 것이다. 목마름이나 주림은 결핍의 상태이다. 결핍은 불편함이고 불쾌함이다. 그런데 예수는 주리고 목마른 자가 행복하다고 말씀하신다. 이것은 정신적 사기 혹은 노예의 도덕을 부추김인가? 아니다. 예수는 모든 주림과 목마름이 행복이라고 말하지 않았다. 오직 주림과 목마름이 '의義'에 대한 것일 때에만 그것이 행복이라고 했다.

그런데 성경에서 '의'라는 말은 다양한 의미의 스펙트럼을 가지고 있어서 이해하기가 매우 어렵다. '의'를 뜻하는 그리스어 '디카이오쉬네*dikaiosyne*'는 '디케*dike*'라는 말에서 왔다. 그리스 신화에서 디케는 정의의 신으로 나타난다. 그는 최고신인 제우스와, 법과 규칙의 신인 테미스 사이에서 태어났는데, 사람들의 모듬살이에 꼭 필요한 미학적·윤리적 질서와 조화를 지켜내는 것을 소명으로 삼고 있다. 그는 세상에 '마땅히 있어야 할(所當然)' 질서와 조화를 깨뜨리는 사람을 찾아가 그를 처벌한다. 자기 한계를 지키려 하지 않는 오만*hybris*과 폴리스적 삶의 규범을 고의로 범하는 행동은 '공기의 옷을 입고 울면서 돌아다니는' 디케에 대한 초대장인 셈이다. 디케의 화해할 수 없는 적은 '폭력'이다. 물리적인 폭력뿐만 아니라 자기가 가진 지위, 지식, 경험, 종교를 가지고 자기 의사를 타인에게 강제하는 일체의 행동은 모두 다 폭력이다.

일상적인 폭력 앞에서

따라서 의에 주리고 목마르다는 것은 세상에 가득 차 있는 폭력에 대해 자각하고 있는 상태이며, 그런 현실을 당연한 것으로 받아들이지 않겠다는 열정에 사로잡힌 상태이다. 우리는 폭력이 일상화된 세상에 살고 있다. 가정에서부터 사회, 심지어는 교회에서조차 폭력의 어두운 그림자가 드리워 있다. 그래서인가? 현대인들은 폭력에 대해 둔감하다. 이것이 무섭다. 작고한 시인 김수영의 〈죄와 벌〉이라는 시는 "남에게 희생을 당할 만한/ 충분한 각오를 가진 사람만이/ 살인을 한다"고 말하고는 둘째 연에서 전혀 엉뚱한 상황을 그려 보인다.

그러나 우산대로
여편네를 때려눕혔을 때
우리들의 옆에서는
어린놈이 울었고
비오는 거리에는
사십 명가량의 취객들이

모여들었고
집에 돌아와서
제일 마음에 꺼리는 것이
아는 사람이
이 캄캄한 범행의 현장을
보았는가 하는 일이었다.
– 아니 그보다도 먼저
아까운 것이
지우산을 현장에 버리고 온 일이었다.

의초롭던 가족끼리의 외출이 폭력으로 귀결된 이유를 우리는 알지 못한다. 하지만 남편은 아내 때문에 화가 났다. 가슴속에 부글부글 들끓던 미움이 살의로까지 발전한다. 마침내 이성의 통제력이 소홀해진 틈을 타서 남편은 들고 있던 우산대로 아내를 두들겨 팬다. 아내는 질척거리는 바닥에 쓰러진다. 생급스러운 일에 놀란 아이는 울고, 술꾼들은 좋은 구경거리가 났다고 몰려든다. 그러나 첫밖의 서슬은 어디로 가고 남편은 허둥지둥 현장을 피해 달아난다. 기껏 간다는 게 집이다. 집에 가서 생각하니 슬그머니 걱정이 된다. 아내나 자식에 대한 염려가 아니다. 혹시라도 몰려들었던 사람 가운데 나를 아는 사람이 있지는 않았을까? 곰곰이 기억을 더듬는데 또 다른 생각이 슬그머니 떠오른다. 아끼던 우산을 현장에 두고 왔다는 아쉬움이 그것이다.

남편에 대한 도덕적인 판단은 유보하자. 시는 도덕적인 교훈이 아니니까. 이 시는 견딜 수 없는 아픔과 두려움이 어떻게 흐릿해지는가를 보여주고 있다. 시간은 견딜 수 없는 충격조차 표백하여 견딜 만한 것으로 만들어준다. 일상적으로 경험하는 혹은 행하는 폭력에 우리가 어떻게 적응해가고 있는지를 시인은 보여준다. 우리는 세상에 만연한 폭력을 보면서도 목마르지 않다. 주문을 외워 귀신을 쫓듯 우리는 '세상은 원래 다 그러니까'라는 말로 의에 대한 주림과 목마름을 몰아낸다. 그리고 아무 일도 없었다는 듯 살아간다. 우리 속에 있는 폭력의 뿌리를 보지 않겠다는 이 도리질과 결별하지 않고는, 자신의 속물스러움에 눈뜨지 않고는 영혼의 헛헛함은 가시지 않는다. 자기 속에 깃든 폭력성의 뿌리를 거듭거듭 잘라내고, 그래도 때마다 고개를 드는 녀석을 바라보며 하나님 앞에 엎드려 '어찌해야 합니까' 절규하는 자라야 의에 주리고 목마른 자라 할 것이고, 그런 이라야 신의 성찬에 참여하게 될 것이다. 행위가 완전한 사람이 아니라 옳음에 대한 목마름을 가지고 있는 사람을 하나님은 '옳다'

인정하신다. 이것이 우리가 경험하는 신적 배부름이다.

신 앞에, 이웃 곁에

의에 주리고 목마른 사람은 그에게 부여된 이중적인 책임을 회피하지 않는다. 하나님 앞에서의 책임과 동료 인간들 사이에서의 책임이 그것이다. 우리는 강퍅해진 마음들이 활보하는 세상에서 두루 원만하여 남들과 부딪침이 없는 사람을 보면 '저 사람은 법 없이도 살 사람'이라 칭찬한다. 그는 물론 착하고 좋은 사람일 것이다. 하지만 그를 보고 '옳은 사람'이라 해도 좋을까? 신독愼獨을 중시하는 동양의 윤리에서 홀로 옳은 사람이 왜 없을까마는, 성경이 말하는 '옳은 사람' 즉 의인은 항상 마주 서 있는 사람이다. 신 앞에, 그리고 이웃 곁에. 그 속에서 의인은 마땅히 있어야 할 조화와 질서를 지키기 위해 애쓰며 살아간다. '의義'라는 한자는 '의미'라는 뜻과 '도덕성'이라는 뜻을 내포하고 있다. 하나님 앞에 바로 선 삶이야말로 의미 있는 생이고, 이런 삶은 동료 이웃들과의 깊은 유대와 질서를 가능케 한다. 너의 불행이 나의 불행과 무관하지 않고 너의 슬픔과 나의 슬픔이 만수산 드렁칡처럼 얽혀 있음을 알기에 '옳은 사람'은 그 문제를 풀기 위해 늘 목마르다. 사람은 '홀로'가 아니라 '서로 함께'이기에 말이다.

'세상은 본래 난세니까', 이것은 옳은 사람의 말이 아니다. 옳은 사람은 신적 코스모스를 깨뜨리는 현실에 대해 '아니'라고 말한다. 하지만 그는 그보다 먼저 자기 자신을 향해 '아니'라고 말한다. 세상을 뒤덮고 있는 어둠은 본질적으로 자기 속의 어둠과 다르지 않다는 진실을 알기 때문이다. 마땅히 그러해야 할 질서와 조화를 잃은 세상을 꿰뚫어보고 바름을 찾기 위해 안간힘을 다하는 사람은 행복한가? 우리의 경험은 그렇지 않다고 말하려는데 예수는 그렇다고 말한다. 갈림길이다. 화분 속의 뿌리는 안간힘을 다하다 물 한 방울 얻지 못한 채 타 죽고 말았다. 예수도 그랬다. 그러나 그것은 마지막이 아니라 새로운 시작이었다. 이것이 복음이다. 어느 길을 걸을 것인가?

하나님께 입맛이 당기는 너희는 복이 있다. 그분은 너희 평생에 맛볼 최고의 음식이요 음료다(마 5:6).

—

자비한 사람은 늘 아파하는 사람이다. 그는 외로움과 죄의식에 갇혀 사는 이들 때문에 울고 수해를 만난 이웃 때문에 운다. 아픔을 함께 견디고, 더디고 지난한 개화의 과정을 지켜보며 그들을 위해서 투쟁한다. 그는 결코 사랑한다고 말하면서 다른 이의 목을 조르지 않는다.

—

늘 아파하는 마음

사람들 속에서 피어나는 꽃

사흘을 굶은 소년의 눈에 보인 것은 가판에 먹음직하게 놓여 있는 찐빵이었다. 그는 허겁지겁 그 빵을 집어 입에 넣었다. 도덕심이나 두려움은 작동하지 않았다. 그때 주인이 재빨리 달려 나와 소년의 뺨을 후려치며 손가락을 넣어 소년의 입에서 빵을 빼내 땅에 던져버렸다. 소년은 입안에 고인 군침을 눈물과 함께 삼켰다. 그리고 소년은 자라 작은 공장의 사장이 되었고, 지금은 불우한 노인들에게 매일 점심을 대접한다. 배고픔의 고통을 너무나 잘 알기 때문이다. 사람은 성자가 될 수도 있고 악마가 될 수도 있다. 1990년대 지존파를 결성했던 청년들은 자기들의 파탄을 사회의 책임으로 돌렸다. 그런데 청계천에서 막노동으로 살아가는 또래 청년은 그들이 자기 삶을 낭비한 것이라며 안타까워했다. 같은 조건 속에서도 성실하게 살아가는 사람도 있다는 말과 함께.

세상에서 가장 아름다운 꽃

사람은 삶의 조건으로부터 완전히 자유로울 수 없다. 하지만 삶의 조건을 대하는 태도는 자유롭게 택할 수 있다. 여기에 인간 존엄성의 뿌리가 있다. 원수까지도 사랑하라는 기독교의 가르침을 노예의 도덕으로 생각하는 사람들도 있다. 그들은 미운 놈 미워하고 싫은 놈 싫어하며 사는 것이 사람답다고 말한다. 은결 든 마음을 숨긴 채 어색한 미소를 지으며 살지 말고 자기감정에 솔직하라고 우리를 죄어친다. 하지만 정말 그런가? 혹여 그것은 사람답다는 말의 퇴행적 남용이 아닐까?

사람이 가장 사람다울 때가 언제일까? 이런 물음에는 대답하기가 어렵다. 딱히 정답이 없기 때문이다. 그래도 자기 나름의 편견을 드러내 보일 용기를 내야 한다. '생각 없음', 혹은 '입장 없음'보다는 자기의 편견을 드러내는 것이 더 정직할 때가 있다. 그것이 잘못된 것이라면 질정叱正의 여지가 있기 때문이다. 그래서 용기를 내서 말한다.

사람이 가장 사람다울 때는 누군가를 돌보고 있을 때이다. 아기를 품에 안고 젖을 물린 어머니의 모습은 아름답다. 신음하는 환자의 손을 잡고 안타까워하는 가족들의 모습은 거룩하기까지 하다. 그 속에는 어떤 삿된 것도 없기 때문이다. 배고픈 나그네를 위해 밥상을 차리는 사람의 모습을 통해 우리는 눈에 보이지 않는 또 다른 세계의 문이 열리는 것을 본다.

마더 데레사는 콜카타 거리에서 죽어가는 환자를 데려다가 그가 평안히 임종하도록 돌보아주었던 경험을 우리에게 들려준다. 세상에 대한 원망으로 가득 차 있던 그는 점차 표정이 풀렸고 결국에는 따뜻한 미소로 데레사를 바라보다가 눈을 감았다 한다. 자기 삶과 화해를 이룬 것이다. 데레사는 그의 미소를 '세상에서 가장 아름다운 꽃'이라 했다. 값없이 주어지는 사랑만이 사람 속에 잠들어 있는 아름다움의 꽃을 피워낸다. 그는 겨울 같은 세상에 봄을 전하는 전령이다. 자비의 눈으로 사람과 세상을 보면서 그들의 고통을 덜어주려는 사람은 '다른 사람들의 불행을 약탈하려는 강박적인 욕구(파스칼 블레즈)'에 사로잡힌 환자들이 아니다. 그들은 사람다운 사람일뿐이다.

현대인의 불행은 공감의 능력을 잃어버린 것이다. 우리는 너무나 많은 불행을 실시간으로 접하며 살아간다. 그때마다 영혼이 상처를 입는다면 삶이 힘겨워진다는 것을 잘 알기에 우리는 방어기제를 만들어낸다. 냉담함이 그것이다. 냉담함은 더 이상 세상의 불행에 의해 상처입지 않겠다는 다짐이다. 그러나 그 순간 우리는 '자기'라는 폐쇄회로 속에 확고히 갇혀버리고 만다. 달빛조차 비치지 않는 어두운 내면에서 욕망의 곰팡내에 진저리를 치며, 가시지 않는 목마름에 쫓겨 어딘지도 모를 곳을 향해 질주한다. 아무도 서로를 향해 걷지 않는 자코메티의 조각 〈광장〉의 인물들처럼, 우리는 어딘가를 향해 가지만 누구를 향해 가지는 않는다. 물론 모두가 그렇다는 말은 아니다. 우리 시대의 보편적인 정신이 그렇다는 말이다. 사랑의 담론은 넘치지만 그 방향은 자기를 향해 있기 일쑤이다.

그 오징어 부부는
사랑한다고 말하면서
부둥켜안고 서로 목을 조르는 버릇이 있다
_최승호, 〈오징어 3〉

자비한 사람은 늘 아파하는 사람이다

자비한 사람은 봄의 도래를 알리는 전령이다. 햇살은 부드럽고, 눈석임물이 계곡을 질주하고, 연초록색 잎들이 돋아나고, 새들은 하늘을 누비며 날고, 꽃망울 터지는 소리에 사람들의 닫힌 가슴 절로 열릴 때 우리는 흥겨워진다. 자비한 사람은 여름의 무성함과 가을의 조락과 겨울의 한기를 모르지 않지만, 그럼에도 가슴에 봄을 간직한 채 살아간다. 그와 만난 이는 누구나 영혼의 깊은 겨울잠에서 깨어나 살아 있음을 경축한다.

자비한 사람은 그래서 예수를 닮은 사람이다. "예수는 모든 사람을 시인이게 하는 시인"이라 한 것이 칼릴 지브란이던가? 예수와 만난 이들, 가슴으로 만난 이들, 존재 전체로 만난 이들은 봄이 되었다. 시몬이 베드로가 되고 창녀는 성녀가 되었다. 자기를 살라 사랑의 불을 지피는 예수와 만난 사람은 궁극적으로 자기 속에 있는 아름다운 꽃과 만났다. 어쩌면 첫 만남이었는지 모른다. 진정한 사랑은 겨울에도 꽃을 피운다.

프란체스코와 클라라는 아주 신성한 우정을 나누고 있었지만 사람들은 이들의 관계에 대해 불순한 말들을 쏟아내기 시작했다. 프란체스코는 어느 날 클라라를 불러 잠시 떨어져 있어야겠다고 말했다. 한참을 침묵하고 있던 클라라는 힘겹게 말을 꺼냈다. "스승님, 우리가 언제 다시 만날 수 있을까요?" "여름이 다시 와서 장미꽃들이 필 때"라고 프란체스코가 대답했다. 그때 놀라운 일이 벌어졌다. 눈으로 덮인 산야에 별안간 오색 꽃들이 수천 송이 피어나는 것 같았다. 클라라는 처음에는 당황했지만 곧 허리를 굽혀 장미꽃 다발을 만들어서는 프란체스코에게 주었다.

이 이야기에서 울려나는 원초적 언어가 들리는가? 사랑이 있는 곳에 꽃은 피어난다. 세상이 알 수 없는 적대감으로 가득 차 있는 것 같은가? 거리에서 마주치는 사람들의 눈빛이 사납다고 느끼는가? 그렇다면 눈빛을 순후하게 하고 다시 한 번 바라보라. 세상에 있는 모든 생명들이 모딜리아니의 목긴 여인들처럼 사랑에 목말라하고 있다는 사실을 발견하게 될 것이다. 우리가 쓰고 있는 가면을 한 겹만 벗겨내면 사랑에 굶주려 파리해진 존재가 있다. 싸늘한 눈빛, 정감 없는 말씨, 거부하는 몸짓에 지레 주눅 들어 피어보지도 못한 채 안으로만 움츠리고 있는 '꽃'이 있다. 봄을 기다리고 있는 '꽃' 말이다.

자비한 사람은 늘 아파하는 사람이다. 그는 용산 철거 현장에서 힘없이 스러진 사람들 때문에 울고, 수해를 만난 이웃들 때문에 운다. 가속화되는 무기경쟁을 보며 울고, 서로를 깎아내리지 못해 안달인 정치인들을 보며 운다. 외로움과 죄의식에 갇혀 살고 있는 이들 때문에 울고, 마구 파헤쳐진 강바닥을 보고 운다. 그저 울기만 하나? 아니다. 자비한 사람은 그런 현실을 바로잡기 위해 자기를 역사의 제단 위에 제물로 내놓는다. 스스로 제물이 되어 자신을 바치신 대제사장 예수처럼. 그는 언제까지라도 아픔을 겪는 이들 곁에 머물면서 아픔을 함께 견디고, 더디고 지난한 개화의 과정을 말없이 지켜보며 때로는 그를 지키기 위해 투쟁한다. 그는 결코 사랑한다고 말하면서 다른 이들의 목을 조르지 않는다. 세상에는 자기의 생각으로, 권위로, 삶의 방식으로, 종교적 신념으로 다른 이의 목을 조르는 이들이 참 많다. 혹시 나도 그 중의 하나가 아닐까 돌아볼 일이다. 숨이 막혀 버둥거리는 사람에게 '사랑하기 때문'이라고 말하는 것보다 더 악마적인 일이 또 있을까?

자비한 사람은 지옥 같은 세상살이에 시달리는 사람들에게 생명의 기억을 일깨우는 사람이다. 하나님의 자비하심을 일깨우는 사람이다. 그리하여 인생의 창세기를 새롭게 쓰도록 하는 사람이다.

지옥에 청정한

나무 한 그루만

잎새 하나만 있다면

그것은 하늘

생명의 기억,

나무처럼 잎새처럼

팔을 벌리고

창세기를

창세기를

다시 시작하리라.

_김지하, 〈지옥에〉

　자비한 사람은 복이 있다. 사람들 속에서 피어나는 꽃을 보는 것보다 더 큰 복이 있겠는가? 피조물들의 신음이 찬미로 바뀌는 과정을 곁에서 지켜보는 것보다 더 큰 복이 있겠는가? 자비한 눈으로 세상을 보고 자비한 마음으로 세상과 만나는 것보다 더 큰 복이 있겠는가? 하지만 자비한 이들에게는 더 큰 복이 남아 있다. 하나님이 그들을 자비롭게 대하시는 복 말이다.

남을 돌보는 너희는 복이 있다. 그렇게 정성 들여 돌보는 순간에 너희도 돌봄을 받는다(마 5:7).

눈물로 마음을 씻는다

마음이 깨끗한 사람. 이렇게 써놓고 보니 갑자기 머리가 텅 빈 것 같다. 어떤 말도, 어떤 사람도 떠오르지 않는다. 다만 오예에 찌든 나의 영혼이 홍수에 떠밀려온 부유물처럼 너절하다는 생각뿐이다. 북한산에서 내려오다가 잠시 멈춰서 바라본 능선 위의 하늘, 그 서러운 쪽빛이 문득 떠오른다. 왜 쪽빛 하늘을 보며 서럽다는 느낌이 들었을까? 마땅히 있어야 할 곳으로부터 너무 멀리 떨어져 나왔다는 생각 때문이었을까? 그때 나는 사람들이 산을 찾는 것은 어쩌면 자기 마음을 찾기 위해서인지도 모르겠다는 생각을 했다. 가쁜 숨을 내쉬며 달려온 나날은 청정했던 본래의 마음에 욕망의 더께를 입히지 않았는가. 닦아야 한다. 마음을 닦지 않고는 하늘을 볼 수도 없고 담아낼 수도 없다. 스물 네 살의 윤동주는 〈참회록〉이라는 시에서 '파란 녹이 낀 구리 거울'에 비친 자기 모습을 부끄러워하며 "밤이면 밤마다 나의 거울을/ 손바닥으로 발바닥으로 닦아 보자"고 다짐한다.

자아라는 허물벗기

마음을 닦는 것은 우선 반성에서 비롯된다. 반성이란 자기 행위를 거울에 비추어보는 것이다. 돈벌이에 생을 건 사람은 이익이라는 거울 앞에 자기를 세운다. 권력에 중독된 사람은 지배의 거울 앞에 자기를 세운다. 자아에 사로잡힌 이들은 공명심의 거울 앞에 서기를 좋아한다. 모습은 달라도 그들은 한 뿌리에서 나왔다. 그들의 시조는 '나르시스'이다. 그들은 자아라는 폐쇄회로 속에서 배회할 뿐 자기 밖으로는 한 걸음도 나아오지 못한다. 참된 반성이란, 주체가 본래의 자기 자신에게로 되돌아가는 과정이다. 김상봉 교수가 《나르시스의 꿈》에서 말한 것처럼 "내가 반성 속에서 나에게 되돌아가는 것은 사사로운 나를 버리고 '누구의 나에게도 통할 수 있는 참 나', 즉 보편적 자아, 보편적 주체성으로서의 참된 나를 찾기 위해서이다." 역설적이지만 자기를 버릴 때 자기에게 돌아가는 길이 열린다. 애굽에서 가져온 음식이 끊어졌을 때 하늘의 만나가 내린 것과 같은 이치이다. 하지만 자기를 버린다는 것이 말처럼 쉽지 않다. 그러니 어쩌란 말인가?

유충들은 몇 번의 허물벗기를 통해 나비가 된다. 사람도 마찬가지이다. 사사로운 자아로부터 벗어나 참된 자기를 찾으려는 사람은 자아라는 두꺼운 허물을 벗고 또 벗어야 한다. 자아의 허물벗기, 그것은 '너'를 보살피고 섬기기 위해 '나'로부터 탈주를 감행할 때 비로소 가능해진다. 하지만 자아는 탈주하려는 몸과 마음을 중력보다 더 강한 힘으로 잡아채 욕망의 구덩이에 처박아버린다. 강도 만난 사람을 보고도 그냥 지나친 제사장과 레위인들은 자아의 중력에서 벗어나지 못한 가련한 자들이다. 넘어지고 또 넘어져도 거듭하여 탈주를 감행하면서 우리 영혼은 튼실한 근육을 얻게 된다. 욕망의 인력을 벗어나 '너'에게로 갈 수 있는 힘은 그처럼 노력하는 자에게 주어진다. "울며 씨를 뿌리러 나가는 사람은 기쁨으로 단을 가지고 돌아온다"(시126:6) 하지 않던가. 사랑은 '너' 속에서 '나'를 포기하는 용기이다. 울면서라도 그 길을 가는 사람은 조금씩 맑아지게 마련이다.

하지만 사랑 속에서 나를 온전히 연소시키지 못하면 그을음만 남는다. 격정과 분노가 그것이다. 나의 진정을 진정으로 받아들이지 못하는/않는 이들에 대한 분노와 서운함은 우리 영혼에 돋아나던 날갯죽지를 부러뜨린다. 세상이 나를 알아주지 않는다고 투덜거리고 악한 자들이 너무 많다고 비분강개하다 보면 영혼은 무거워져 더 이상 날 수 없다. 짙은 구름이 비로 쏟아져 내리듯 보상을 바라는 마음이 덧쌓이면 우리 마음은 추락하고 만다. 예수가 "네가 점심이나 만찬을 베풀 때에, 네 친구나 네 형제나 네 친척과 부유한 이웃 사람들을 부르지 말아라. 그렇게 하면 그들도 너를 도로 초대하여 네게 되갚아, 네 은공이 없어질 것이다"(눅14:12)라고 말씀하신 것도 같은 맥락일 것이다. 우리가 누군가를 위해 한 좋은 일은 하나님에게 드리는 소중한 예물이다. 우리의 행동 하나 하나를 하나님에게 바치는 마음으로 살아간다면 우리 삶은 조금씩 깨끗해질 것이다. 금 알갱이를 얻으려고 강가에 앉아 모래를 거르는 사람처럼, 섬김과 사랑의 수고와 평화를 체로 삼아 일상을 거르는 사람들은 자기 속에 있는 보화를 보게 될 것이다.

마음을 씻는 눈물

그러나 아무리 반성의 입김을 쐬고 행위의 행주로 닦아보아도 지워지지 않는 더러움이 있다. 독실한 바리새인 사울을 괴롭혔던 그 부박한 실존의 한계, 벗겨지지 않는 비늘, 뛰어난 수사학자 어거스틴을 절망케 했던 존재의 어둠, 경건한 수사 루터를 놓아주지 않던 두려움, 인류의 가슴에 새겨져 영원히 지워지지 않는 가인의 표…. 죄의 더러움은 씻기지 않는다. 어쩔 수 없는 한계에 부딪힌 사람들은 울 수밖에 없다. 그런데 그 눈물이, 애태움이 인간을 정화한다. 눈물은 무방비 상태를 드러낸다. 눈물은 돌처럼 굳어진 마음을 녹여 부드럽게 만든다. 그래서 이용도 목사는 〈눈물을 주소서〉라는 시에서 이렇게 노래한다.

오늘의 우리는 눈물이 다 말랐습니다. 눈물 없는 곳에 못된 것들만 무성하여 있습니다. 눈물은 살균력殺菌力이 있습니다. 원망, 불평, 이기利己 등은 전염병균과 같아서 자신을 죽이고, 또 남의 가슴에 살촉을 박아 죽게 하는 악독한 병균입니다.
이 모든 균들은 눈물로써 죽일 수 있습니다. 동정의 눈물이 쏟아질 때, 뜨거운 사랑의 눈물이 쏟아질 때, 남을 원망하는 것이나 시기, 불평, 이기행위 등, 모든 불선不善의 병균은 다 죽어버리고 맙니다. 그리고 따스하고 온유하고 미쁜 새 마음을 내어줍니다. 마치 상처의 소독을 한 후에 새 살이 돋아나오듯이!

다윗은 밤마다 침상을 눈물로 적셨다. 예레미야는 무너져 가는 나라를 바라보며 눈물로 지새웠다. 막달라 마리아는 눈물로 주님의 발을 적셨다. 베드로는 새벽닭이 울 제 통곡의 눈물을 흘렸다. 바울은 성도들이 십자가의 길에서 벗어나지 않도록 눈물로 기도했다. 이들이 흘린 눈물이 성경을 관통하여 예수의 눈물과 합류한다. 평화의 길을 알지 못하고 예언자들을 죽인 예루살렘을 보며 흘리던, 나사로의 무덤 앞에 서서 흘리던 그 눈물과 말이다. 이 눈물은 강이 되어 사람들의 더러운 것을 씻기고 무덤을 가로막은 돌문을 녹이고 죽어가는 생명을 되살린다.

그런데 세상을 위해 흘린 예수의 눈물은 십자가에서 결정을 이룬다. 인간의 무자비한 폭력성과 한없는 고귀함이 결합된 모순의 자리, 그곳에서 흘린 예수의 피는 하나님의 눈물이다. '나'를 위해 흘리는 하나님의 눈물은 우리 속의 더러운 것들을 닦아낸다. 손으로 발로 닦아도 지워지지 않던 어둠의 더께를 흔적도 없이 지운다. 그리고 산뜻한 아침 햇살 같은 기쁨을 안겨준다. 이 기쁨 속에서 새로운 영혼이 탄생한다. 과도하고 이지러진 욕망을 여읜 영혼, 자신의 본질과 하나 된 영혼, 하나님의 아름다움을 투명하게 드러내는 영혼, 깨끗한 영혼이 태어난다. 그는 돈과 권세 그리고 명예가 아침 햇살에 속절없이 스러지는 안개라 알고 있다. 그러기에 그는 오직 하나만을 구한다. 하나님!

하나님의 얼굴을 본다

그는 보이지 않는 하나님을 영혼의 눈으로 본다. 세상이 온통 하나님으로 충만한 것을 본다. 무심코 피어나는 들꽃, 공중을 나는 새들, 흔들리는 갈대, 이웃의 기쁨과 슬픔과 눈물 속에서도 하나님을 본다. 때로는 흐뭇하게 웃는 하나님의 얼굴을, 때로는 시름에 잠겨 울고 계신 하나님을. 그는 하나님이 웃으실 때 함께 웃고, 하나님이 우실 때 함께 운다. 그는 하나님과의 깊은 일치 속에서 살아간다. "나의 것은 모두 아버지의 것이고, 아버지의 것은 모두 나의 것입니다"(요 17:10). 예수의 이 말은 마음이 깨끗한 사람만이 할 수 있는 말이다. 빌립이 "아버지를 보여주십시오" 하고 부탁했을 때 예수는 제자의 무지를 안타까워하며 말씀하셨다. "너는 나를 알지 못하느냐? 나를 본 사람은 아버지를 보았다"(요14:9). 신앙생활의 목표는 바로 이 말을 하는 데 있다. 신앙생활이란 우리의 삶이, 그리고 존재가 그분을 온새미로 드러내는 데까지 맑아지고 깊어지고 넓어지기를 기도祈禱하고 전심으로 기도企圖하는 것이다. 하지만 우리 마음은 아직도 어둡다. 하여 라이너 마리아 릴케의 음성으로 노래하련다.

신이여, 깨어 있는 사람들은
매일 밤 언제나 그렇습니다.
끝없이 걸어가지만 당신을 찾지 못합니다.
그들이 장님의 발걸음으로
어둠을 밟는 소리가 들립니까?
달팽이처럼 아래로 나 있는 계단 위에서
그들이 기도하는 소리가 들립니까?
검은 돌 위로 쓰러지는 소리가 들립니까?
당신은 그들이 우는 소리를 들어야 합니다, 울고 있으니까요.

내면세계, 곧 마음과 생각이 올바른 너희는 복이 있다. 그때에야 너희는 바깥세상에서 하나님을 볼 수 있다(마 5:8).

평화의 씨앗을 뿌리는 시간

지금 우리가 살고 있는 현실로부터 평화까지는 상당히 거리가 멀다고 할 수 있다. 인간의 얼굴을 한 야만이 세상을 지배한다. 부자 나라 국민들은 영양 과잉에서 비롯된 성인병으로 죽어가고, 가난한 나라 사람들은 먹지 못해 죽어간다. 세계 곳곳에서 전쟁의 여진과 자연 재해가 여전히 삶의 기반을 흔들고 있다. 하루도 마음 편할 날이 없다. 신문을 보든, 텔레비전을 보든 감당하기 어려운 소식들이 넘쳐난다. 사람들은 서로 상처를 입히지 못해 안달이 난 것처럼 보인다. 거리를 걷는 사람들의 표정은 각박한 세태만큼이나 굳어 있고, 밤이 되면 사람들은 마치 울화를 털어내는 것처럼 목에 소주잔을 쏟아 붓는다. 차를 타고 나가 보아도 사람들은 서로 자동차 경주라도 하듯 경쟁적으로 차를 몰고 다닌다. 마치 남보다 늦게 가면 인격에 손상이라도 입는 것처럼 서두른다. 축제가 아니라 전쟁 같은 삶의 군상들이 안타깝다.

반문명의 그림자

옷섶을 열어 바람을 맞으며 밤하늘을 우러러본다. 나무 가지 사이로 별 몇 개가 보이고 사위는 적막하다. 적막하기에 쓸쓸하다. 문득 유대 광야에서 양을 치던 목자들이 떠오른다. 추위에 몸을 움츠린 채 부옇게 밝아올 아침을 기다리던 그들은 문득 감미로운 노랫소리를 들었다. 말로는 형용할 수 없는 큰 평화가 그들 속에 깃들었다. 이윽고 그들은 한 소리를 분명히 들었다.

가장 높은 곳에서는
하나님께 영광이요,
땅에서는 주께서 기뻐하시는 사람들에게
평화로다(눅 2:14).

그러나 잠 못 이루고 나무 밑을 서성거리던 그날, 내게 이런 노래는 들려오지 않았다. 먹장구름처럼 내 마음을 뒤덮은 것은 미국 상하 양원에서 이라크에 대한 선제공격을 승인하기로 했다는 어처구니없는 소식이었다. 역사는 지금 퇴행하고 있다. 역사를 자유의 확대 과정이라고 말한 이가 누구던가? 도대체 누구의 자유, 누구를 위한 자유란 말인가?

 2002년 아시안 게임을 보면서 사람들은 금메달에 열광했지만 나는 자꾸만 다른 곳에 눈길이 머물렀다. 평화의 제전이라는 아시안 게임에서 조국에 사상 첫 메달을 안겨주었다고 감격의 눈물을 흘리면서도 내일은 기약할 수 없다고 쓸쓸히 말하는 팔레스타인의 권투선수 아부케섹 모니르, 폐허로 변한 조국에 희망을 안겨주기 위해 출전한 태권도 경기에서 동메달을 따내고는 조국의 국기가 게양되는 모습을 지켜보며 눈물을 흘리던 자마니 로야와 임원들. 그들의 이름을 굳이 명토 박아 말하는 이유는 그들이야말로 역사이고 희망의 씨앗들이기 때문이다. 그런데 그 가녀린 희망의 씨앗들이 발아해 꽃으로 피어날 수 있을까? 사막에 꽃이 피어 향내를 풍기리라는 예언자들의 꿈은 이루어질 것인가? 전망이 밝은 것은 아니지만 나는 이루어질 것이라고 믿는다. 하나님의 살아계심을 믿기 때문이다.

 그러면서도 마음에 드리우는 그늘조차 부정할 수는 없다. 문명이란 인간에게 인간의 본분이 무엇인지를 일러주는 행동 양식이라는데, 오늘 반문명의 그림자가 길게 드리워진 지구촌의 모습이 너무나 확연히 드러나기 때문이다. 문명의 얼굴을 한 야만이 도처에서 삼킬 자를 찾고 있다. 굶주림과 질병에 시달리면서 부자의 문간에 앉아 있는 나사로들의 신음이 곳곳에서 들려온다. 그 소리가 풍요의 신을 찬미하는 사람들의 웃음소리와 섞여 괴기스러운 불협화음을 이루고 있다. 세상은 안녕하신가? 그렇지 않다. 일부 과격한 테러리스트들 때문인가? 아니다. 밥이 고루 나누어지지 않기 때문이다.

평화의 사람

이 현실을 살아내며 생각한다. 평화에 대한 우리의 꿈이 헛된 것은 아닐까? 카를 야스퍼스Karl Jaspers라는 철학자는 〈인간론〉이라는 글에서 "오늘날 절망적으로 '이 세계에 도대체 무엇이 남았는가?'라고 묻는 자가 있다면, 누구에게나 '너는 할 수 있으므로 존재한다'는 대답이 주어진다"라고 말했다. "너는 할 수 있으므로 존재한다." 이 말을 가슴에 새기자. 예수는 "평화를 이루는 사람은 복이 있다. 그들이 하나님의 자녀라고 불릴 것"이라고 말씀하셨다. 이 복잡한 세상에서 어찌 화평케 하는 자로 살 수 있는가? 다시 야스

퍼스의 답을 되새겨본다. 우리는 할 수 있으므로 존재한다! 그러면 어디서부터 시작해야 할까?

먼저 우리가 평화의 사람이 되어야 한다. 자기 속에 평화가 없는 사람은 세상에 평화를 가져갈 수 없다. 공자도 "수신제가치국평천하修身齊家治國平天下"라 했다. 세상을 화평케 하려는 자는 먼저 자기 자신의 몸과 마음을 닦고 가정을 잘 보살피고 나라를 잘 다스려야 한다. '평천하'에 이르는 길은 '수신'에서부터 시작된다. 기독교식으로 말하자면 '그리스도 안에 거하는 것'이 먼저이다. 이것을 좀 더 쉽게 말하자면 마음속에, 관계 속에 '그리스도를 모시는 것'이야말로 평화의 시작이다. 어느 곳에 있든지 마음에 주님을 모시고 가자. 어떤 선택을 하든지 먼저 주님께 여쭙자. 주님은 반드시 우리에게 평화의 길을 일러주실 것이다.

> 그리스도는 우리의 평화이십니다. 그리스도께서는 유대 사람과 이방 사람이 양쪽으로 갈려 있는 것을 하나로 만드신 분이십니다. 그는 유대 사람과 이방 사람 사이를 가르는 담을 자기 몸으로 허무셔서, 원수된 것을 없애시고, 여러 가지 조문으로 된 계명의 율법을 폐하셨습니다. 그것은, 이 둘을 자기 안에서 하나의 새 사람으로 만드셔서, 평화를 이루시고, 원수된 것을 십자가로

소멸하시고, 십자가로 이 둘을 한 몸으로 만드셔서, 하나님과 화해시키시려는 것입니다(엡 2:14-16).

그리스도를 모신 사람은 어느 누구도 함부로 대하지 않는다. 음식점 종업원을 하대하며 반말을 내뱉지 않으며 길거리에서 우연히 만난 사람이라 하여 함부로 대하지 않는다. 그리스도인들은 무엇보다 친절한 사람이 되어야 한다. 자기 기분대로 행동하지 말아야 한다. 그리스도를 모신 사람은 주장하기보다 귀 기울여 듣는 사람이다. 다른 이들의 유익을 먼저 구한다. 그리스도를 모신 사람들이 있는 곳에서 평화가 싹튼다.

키아바의 미소

평화로운 공존이 어려운 까닭은 어쩌면 두려움 때문인지도 모른다. 낯선 것, 나와 다른 것은 일단 의심부터 하고 보는 습관 탓에 우리 마음에는 평화가 없다. 우리 안에는 다스리기 어려운 나쁜 감정들도 있지만, 내적인 평안과 힘을 가져다주는 좋은 감정들도 존재한다. 우리가 어떤 감정에 더 잘 반응하느냐는 것이 문제이다.

칼 노락Carl Norac이 《키아바의 미소 Le sourire de Kiawak》라는

그림책에서 들려주는 에스키모 소년 키아바의 이야기에 귀를 기울여보자.

키아바가 낚시를 하러 갑니다.
"애야, 오늘은 네 새끼손가락보다 굵은 물고기를 잡도록 해라."
아빠가 말씀하셨어요.
키아바는 얼음에 구멍을 내고 낚싯줄을 드리웠어요.
아무것도 물지 않습니다.
키아바는 멀리서 춤을 추고 있는
바다코끼리를 보면서 생각했어요.
'사냥을 갔더라면 이보다는 운이 좋았을 텐데.'
갑자기 줄이 팽팽해집니다. 키아바는 줄을 당기고,
또 당겼습니다.
손가락 스무 개를 합한 것만큼 커다란 물고기 한 마리가 차가운 물속에서 나왔습니다.
키아바는 우쭐해졌어요. 그런데 걱정거리가 생겼습니다.
방금 잡은 물고기가 키아바를 보고 미소를 짓고 있는 거예요.
키아바는 아빠를 만나러 갑니다.
'내가 이 물고기를 잘게 잘라서 먹으려고 하는데, 이 물고기는 어떻게 나에게 미소를 지을 수 있지?'

키아바의 귓가에 따뜻한 숨결이 느껴집니다.

키아바는 귀를 기울였어요.

물고기가 아주 다정하게 웃고 있었어요.

"이제 그만!"

어린 낚시꾼은 참을 수가 없었어요.

키아바는 돌아서서 얼음 구멍 쪽으로 달려갑니다.

그리고 물고기를 물속에 던지며 소리쳤어요.

"나는 미소 짓는 물고기는 절대 먹을 수가 없어!"

잠시 뒤, 키아바는 자신이 한 일을 뉘우쳤어요.

'곧 아빠가 오실 텐데 뭐라고 말을 하지?'

"저런, 오늘 잡은 물고기는 너무 작아서 입 속에 감추었니?"

아빠가 놀려대며 말씀하셨어요.

그러나 키아바는 미소 짓는 물고기 이야기를 할

용기가 나지 않았어요.

마을로 돌아오는 길에,

키아바는 뾰로통하고 있을 수만은 없었어요.

굉장히 큰 곰 한 마리가 나타나서 길을 막았거든요.

키아바의 아빠는 총을 가지고 있지 않았습니다.

그래서 겁을 주어 곰을 쫓으려고 하셨어요.

아빠가 무섭게 소리를 지르면 지를수록

곰도 점점 더 사납게 으르렁거렸습니다.

키아바에게 좋은 생각이 떠올랐어요.

키아바는 곰에게 다가가서 미소를 지었습니다.

곰은 머리를 숙여 키아바와 키를 맞추었습니다.

곰은 놀랐어요. 이런 일은 한 번도 본 적이 없기 때문입니다.

감히 인간이, 더구나 화가 나 있는 곰에게 미소를 짓다니….

곰은 어떻게 해야 할지 몰랐습니다.

그러다 머리를 긁적이며 돌아서더니,

쿵쿵거리며 어디론가 가버렸습니다.

아빠는 마을에 닿자마자 사람들에게 외쳤습니다.

"내 아들은 뛰어난 낚시꾼은 아니지만 훌륭한 마법사가 될 거예요. 키아바가 마법으로 곰을 쫓았답니다!"

키아바는 칭찬을 많이 들었습니다. 키아바는 기분이 좋았지만 이렇게 말했습니다.

"이제 그만하세요. 저는 오늘 미소 지은 것밖엔 한 일이 없는 걸요."

다음날, 먼 곳에서 온 사냥꾼들이 두려운 소식을 전했습니다.

어마어마하게 큰 폭풍이 오고 있다는 것입니다.

"얼음집을 두껍게 쌓아야 해요. 시간이 없어요!"

그러나 키아바는 돕지 않습니다. 다른 생각이 있었거든요.

키아바는 마을을 떠나 폭풍을 만나러 갔습니다.
불어오는 폭풍을 보았을 때,
키아바는 무서워서 몸을 움츠렸습니다.
그러나 곧 두 발로 버티고 서서 폭풍에게 미소를 지었습니다.
"너 같은 어린애의 미소가 나를 멈추게 할 수 있다고 생각하느냐?"
폭풍이 고함을 쳤습니다.
"안 된다는 것은 나도 잘 알아요. 그래도 노력은 해볼 수 있잖아요?"
키아바가 대답했어요.
너무나 대담한 그 말에,
폭풍은 어이가 없어서 웃기 시작했습니다.
아주 격렬하게, 그리고 아주 오랫동안.
키아바는 뛰어서 마을로 돌아왔습니다.
'폭풍이 웃고 있는 동안은 바람을 불게 하는 걸 잊어버릴 거야.'
이렇게 생각하자 키아바는 기분이 좋아졌어요.
마을은 안전했어요.
키아바는 바람소리를 들으며 편안하게 잠 속으로 빠져듭니다.

동화이긴 하지만 에스키모 소년 키아바 이야기는 평화를

염원하는 우리들이 어떻게 살아야 하는지 잘 보여준다. 사나운 곰도 태풍도 키아바의 미소를 외면할 수는 없었다. 곰과 태풍을 막은 것은 아무런 두려움도 적의도 없이 폭력적인 현실 앞에 선 키아바의 무력함과 천진함이었다. 천진한 미소는 어쩌면 세상의 어떤 힘보다 강한지도 모르겠다. 예수 그리스도는 죽음의 권세 앞에 아무런 무장도 없이 서셨다. 그리고 그를 미워하는 이들조차 사랑으로 품어 안으시고 평화의 왕이 되셨다. 예수가 그러셨듯이, 우리 가슴에 있는 날카로운 것들도 흙처럼 보드랍게 스러졌으면 좋겠다.

나눔과 평화

김지하 시인은 〈밥〉이라는 시에서 이렇게 노래한다.

밥은 하늘입니다.
하늘을 혼자 못 가지듯이
밥은 서로 나눠 먹는 것
밥은 하늘입니다.
하늘의 별을 함께 보듯이
밥은 여럿이 같이 먹는 것
밥이 입으로 들어갈 때에

하늘을 몸속에 모시는 것

밥은 하늘입니다.

아아 밥은

모두 서로 나눠 먹는 것

평화를 이루는 사람은 우선 밥을 나누어 먹을 줄 아는 사람이다. 남의 배고픈 사정을 헤아릴 줄 아는 사람이라야 참 사람이다. 하늘에서 내린 만나를 다른 이들의 몫으로 남겨놓는 마음(출 16:21), 배가 고파도 다른 지체들을 위해 기다려줄 줄 아는 마음(고전 11:33), 산 짐승들의 겨울나기를 위해 밤과 도토리를 남겨두는 마음, 바로 그것이 하늘의 마음이고 평화의 문을 여는 마음이다.

또 다시 문제는 욕망이다. 동양의 아귀餓鬼와 서양의 에리직톤Erysichton이 공모하여 무저갱의 문을 연 것인가? 사람들은 '더 많이', '더 빨리', '더 편리하게', '더 화끈하게'를 외치며 거리를 달린다. 정치인, 문화인, 종교인 할 것 없이 세상의 속도전에 내몰리고 있다. 사람의 마음은 어느 결에 경마장이 되어 앞을 다투는 말들이 일으키는 소음과 먼지로 어지럽다. 그래서인가? 파시스트적인 속도에 어지럼증을 느끼는 사람들은 평화와 느림을 갈구한다. 그런데 문제는 '평화'

와 '느림'조차 자본주의 시장의 인기 상품으로 생산되고 있다는 사실이다. 법정, 달라이 라마, 틱낫한의 책이 불티나듯 팔리고, 영성 관련 프로그램들이 상한가를 기록하고 있다. 물론 그들이 제공하는 한 방울의 생수를 따라 평화의 근원으로 소급해갈 수도 있다. 하지만 재물財이 본本이 되는 세상의 질서에 순응하면서 그 길을 갈 수는 없는 노릇이다. '돈'과 '힘'이 지배하는 세상에 평화는 없다. 뒤집힌 '본本'과 '말末'의 관계가 다시 뒤집혀야 한다. 그러기 위해서 가장 좋은 방법은 나눔의 실천이다. 히브리의 지혜자는 "가난한 사람을 조롱하는 것은 그를 지으신 분을 모욕하는 것"(잠 17:5)이라 했다. 예수는 배고픈 사람을 먹이고, 목마른 사람에게 물을 주고, 헐벗은 사람을 입히는 것이 곧 당신을 영접하는 일이라 했다. 길게 말할 것 없다. 자기를 내어줄 줄 아는 사람이라야 평화를 만드는 사람이다.

이들은 '가진 것'을 나누는 데 그치지 않고 평화를 위한 행동에 '자기'를 바친다. 때로는 폭력에 대항하기 위해 시련을 겪기도 한다. 그러면서도 폭력을 수단으로 택하지 않는다. 폭력을 수단으로 택하는 순간 패배는 기정사실이 되기 때문이다. 원수조차 사랑하라는 예수의 가르침과 실천, 아힘사(不殺生)와 사티하그라하(眞理把持)를 굳게 붙잡고 있던 간디의 실천은 어리석어 보인다. 하지만 그 어리석음 속에 내장된 세상 변혁의 뇌관을 우리는 보았다.

평화를 이루는 사람

그들은 이미 본 사람들이었고 믿음의 사람들이었다. 미움보다는 사랑이, 정죄보다는 용서가, 폭력보다는 비폭력이, 어둠보다는 빛이 더 근원적인 것이라 믿었기에 그들은 폭력적인 현실 속에서도 자기를 잃지 않을 수 있었다. 신앙적 낙관주의에 뿌리를 내리지 않은 평화의 기도企圖는 지속성을 띠기 어렵다. 들끓고 있는 덧없는 사념들이 고요해지고, 눈에 보이진 않지만 지고하신 하나님이 곁에 머무시는 것을 분명히 느낄 때 우리는 스며드는 듯한 평화를 맛보게 된다. 그 맛에 사로잡힌 자라야 세상에서 평화를 이룰 수 있다. 하지만 평화를 만드는 사람들은 '내가 평화를 이룬다'고 말하지 않는다. 설사 자기를 통해 평화가 이루어졌다 해도 그것에 자기의 이름을 붙이려 하지 않고, 그 일을 성취하신 이에게 감사드린다. 그가 사람들 속에 감춰진 사랑과 온기를 불러낼 수 있는 것은 자기의 욕망을 여의었기 때문이다.

단언할 수 있다. 힘으로 만들어낼 수 있는 평화는 없다. 힘으로 사람들을 굴복시킬 수도 있고 자기들의 의사를 관철시킬 수도 있다. 압도적인 힘에 근거해 주변을 복속시켰던 팍스 로마나, 또 지금 미국이 기도하고 있는 팍스 아메리카나는 거짓 신화에 불과하다. 그것은 영적인 바벨론이고 무너질 수밖에 없는 바벨탑이다. 진정한 평화는 나눔과 섬김, 사랑과 희생을 통해 이룩할 수 있다. 우리는 그리스도의 평화를 믿는다. 평화의 조짐이 보이지 않아 애타는 것은 사실이지만 그래도 우리는 낙심하지 않는다. 그분이 시작하셨으니 그분이 완성하실 것이라 믿기 때문이다. 우리는 헤아리고 낙심하라고 보냄을 받은 것이 아니라, 평화의 씨앗을 심으라고 보냄을 받았다. 세상이 비웃는다 해도 무슨 상관인가. 그런 의미에서 수피교도들의 이야기는 우리에게 시사해주는 바가 많다.

한 여인이 꿈을 꾸었는데 시장에 가서 새로 문을 연 가게에 들어갔다. 그 가게 주인은 다름 아닌 신이었다. 무엇을 파느냐고 묻자 신은 "당신의 가슴이 원하는 것은 무엇이든 팝니다"라고 대답했다. 여인은 인간이 바랄 수 있는 최고의 것을 사기로 마음먹었다. 그래서 말했다. "마음의 평화와 사랑과 행복과 지혜, 그리고 두려움으로부터의 자유를 주세요." 신은 미소를 지으며 말했다. "미안하지만 가게를 잘못 찾으신 것 같군요, 부인. 이 가게에선 열매를 팔지 않습니다. 오직 씨앗만을 팔지요."

누군가의 말처럼 "평화에 이르는 길은 없다. 평화가 곧 길이다." 평화롭지 못한 방법으로 평화를 추구할 수는 없다. 전쟁을 통해 평화를 얻을 수 있다는 생각은 한낱 망상일 뿐이다. 패배한 이들의 한과 아픔이 새로운 분쟁의 씨앗이 되기 때문이다. 평화를 원한다면 지금 여기에서 평화를 택할 줄 알아야 한다.

자기 감정대로 살지 마십시오.
남의 눈에서 티끌을 찾으려고 하지 마십시오.
모든 사람을 마음 공부의 스승으로 삼으십시오.
화를 덜 내도록 노력하십시오.
얼굴에서 미소가 떠나지 않게 하십시오.
나와 다른 견해와 입장을 가진 사람을 존중하십시오.
다른 이들에게 배우려는 겸손함을 유지하십시오.
좋은 것을 이웃과 더불어 나누십시오.
다른 이들과 어울릴 줄 아는 존재가 되려고 진지하게 노력하십시오.

평화에 관한 과업을 완수하려는 의욕을 잠재워야 한다. 일상에서 평화의 순간을 택하려 애쓸 때 우리는 평화를 가져오는 사람이 된다. 우리들의 하루하루가 그럴싸한 열매를 좇는 삶이 아니라 평화의 씨앗을 심는 파종의 시간이길 소망한다. 우리 머리 위에 평화의 무지개가 떠오를 때까지….

경쟁하거나 다투는 대신에 협력하는 모습을 보여주는 너희는 복이 있다. 그때 너희는 진정 자신이 누구이며, 하나님의 집에서 자신의 자리가 어디인지 알게 된다(마 5:9).

괄호 치기 처세술

처세술의 마법을 '괄호 치기'로 설명하는 철학자가 있다. '출세주의교'를 신봉하는 것처럼 보이는 많은 사람들이 출세를 위해서 인생의 소중한 다른 가치들에 괄호를 쳐버린다는 것이다. 건강, 사랑, 우정, 자유, 의, 공생, 생태계 보존 등에 한눈을 팔다보면 자기도 모르는 사이 주변부로 떠밀리고 만다는 강박관념이 그런 괄호 치기 전략의 심리적 배경이다. 복잡다단한 삶의 어느 부분에 '당분간'이라는 단서를 붙여 괄호를 치고 나면 삶은 한결 수월해 보이는 것도 사실이다. 하지만 문제는 삶이 그렇게 단순하지 않다는 것이다. 괄호 속에 갇힌 줄 알았던 이런저런 가치들이 불쑥불쑥 고개를 내밀고 자기의 존재를 주장하기 때문이다. 괄호 치기를 용인하고 암묵적으로 권장하는 세상은 인간성을 상실한 사막이 되고 만다. 그 속에 '우리'는 없기 때문이다. 하이데거는 인간을 '서로-함께'의 존재로 보았는데, 서로-함께의 끈이 느슨해진 세상, '우리'는 없고 '나'만 돋을새김으로 도드라지는 세상은 살맛나는 세상이라 말할 수 없다.

칼리아예프의 길

잘 살기 위해 '괄호 치기' 전략을 능숙하게 구사하는 이들에게 "의를 위해 박해를 받은 사람은 복이 있다"는 예수의 말씀은 컴퓨터 화면에 간혹 떠오르는, 뜻을 알 수 없게 깨진 글자와 다를 바 없다. 하지만 아무리 무시하려고 해도 그 말씀은 우리에게서 떨어져나가지 않는다. '의'는 사람됨의 근본이고 하늘의 명령이기 때문이다. 그늘 속에 들어가면 그림자가 사라진 것처럼 보여도 그늘을 벗어나는 순간 그림자는 다시 드러나게 마련이다. 사람이 아무리 괄호 치기의 명수라 해도 그가 사람인 한 '의'를 완전히 벗어던질 수는 없다. 주자는 '의'를 마음의 제재(心之制)요, 일의 마땅함(事之宜)이라 했다.

그러면 '의'의 내용은 무엇인가? 한마디로 말하기는 어렵지만 그것은 바닥에 사는 사람들을 생각하고 그들을 아끼는 것이 아니겠는가. 길 잃은 양 한 마리를 차마 버리지 못하는 마음, 그래서 그 양을 찾아 위험과 어둠을 마다하지 않고 산길로 접어드는 마음 말이다. 이 마음이 스러진 것이 현실이기에 우리는 문명의 뾰족한 끝에서 인간의 황혼을 노래하게 됐는지도 모른다. 모든 관심이 '이해관계'에 집중되는 세상에서 '의'를 추구하는 사람은 왠지 모르게 대하기 불편한 별종처럼 여겨진다. 그것도 나의 '이해관계'와 직접적으로 부딪히지 않는 경우에 그렇다는 말이지 일단 나의 이익과 부딪히게 되면 문제는 달라진다. 그는 곧 나의 대적이 되는 것이다. 선거를 앞두고 이합집산하는 철새 정치인들을 보면 분통이 터지지만, 그들을 향해 돌을 들 것도 없다. 그들의 얼굴을 가만히 들여다보면 그 속에 우리 얼굴이 드러나니 말이다.

꿩 잡는 게 매라고, 결과가 수단을 정당화하는 세상에서 과정과 절차를 소중히 여기는 사람은 세상 물정 모르는 사람으로 취급받는다. 누구도 '힘이 곧 정의'라고 말하지는 않지만 누구도 그 말을 부정하지 않는 현실에서 힘없는 이들 편에 서서 말하는 사람은 위험한 사람으로 낙인찍힌다. 그들을 위해 예비된 것은 모욕과 박해와 비웃음뿐이다. 그래서인가? 우리 시대에는 의를 위하여 박해를 받는 사람이 줄어들고 있다. 예수 정신의 담지자인 교회조차도 의를 위해 박해를 받으려 하지 않는다. 현실이 천리天理를 따라 마땅하게 돌아가기 때문이라면 얼마나 좋으랴! 하지만 현실은 정반대이다. 마땅함의 길은 가뭇없이 망각되고 욕망의 길만이 도드라진 형편이다. 바야흐로 '비루함이 인생 중에 높아지는 때에 악인이 처처에 횡행하는'(시 12:8) 시대이다. 잗다랗게 변해버린 사람들의 마음으로 말미암아 예수는 지금도 한숨을 내쉬고 계시지는 않을까?

알베르 까뮈는 《정의의 사람들》이라는 희곡에서 하나님을 상정하지 않으면서도 인류를 사랑하는 사람들을 등장시킨다. 그들은 러시아 민중들을 억압하고 있는 대공大公을 정의의 이름으로 살해하는 테러리스트들이다. 단 한 사람이라도 노예 상태에 있다면 자유라는 것도 감옥에 지나지 않는다는 생각에 행동에 나섰지만, 증오를 통해 획득할 수 있는 자유는 없다는 자각 때문에 그들은 번민한다. 그런데도 그들은 정의라는 대의를 위해 고난의 쓴잔을 마신다. 하나님의 정의가 시행되지 않는 것처럼 보이는 세상에서 그들은 스스로 역사 변혁의 주체가 되려는 것이다.

칼리아예프: 단지, 사람들은 모욕을 당하기 때문에 마시는 겁니

다. 더 이상 마실 필요가 없는 시대가 반드시 올 것입니다. 그때가 되면 가난뱅이든 신사든, 아무도 수치심이 없을 거고요. 우리는 모두 형제가 될 것이고, 정의가 우리의 마음을 투명하게 만들 것입니다. 내가 하는 말이 무슨 뜻인지 알겠습니까?

포 카: 알지. 그곳은 하나님의 나라거든.

칼리아예프: 그런 말은 할 필요가 없어요, 동지. 하나님은 아무 것도 할 수 없습니다. 정의만이 우리가 할 일입니다. 이해 못 하겠어요? 성 드미트리의 전설을 아십니까?

포 카: 몰라.

칼리아예프: 초원에서 성 드미트리와 하나님이 만나기로 약속했지요. 그래서 그는 바쁘게 가고 있었는데, 마차가 진흙에 빠져서 쩔쩔매고 있는 농부를 만났습니다. 그래서 성 드리트리는 그 농부를 도와주었지요. 그런데 진흙이 너무 깊었고 마차도 깊게 빠져 있어서 마차를 빼내느라 한 시간이나 걸렸어요. 그 일을 끝내고 드미트리가 약속 장소로 갔을 때, 하나님은 벌써 가버리고 없었습니다.

포 카: 그래서?

칼리아예프: 그때부터 진흙탕에 빠진 마차와 도와줄 동포들이 너무 많아서 항상 약속에 늦게 도착하는 사람들이 생겼습니다.

칼리아예프에게 하나님은 무능력하고 무책임하고 무정한 존재이다. 그래서 그는 스스로 역사의 제단 앞에 자기를 바친다. 생을 언제나 경이롭게 바라보고 인생과 아름다움을 사랑하면서도 세상에 만연한 불의와 압제를 물리치기 위해 죽음의 길을 택한 칼리아예프는 최후 진술에서 이렇게 말한다. "죽음이 눈물과 피로 물든 이 세계에 대한 나의 숭고한 저항이 될 것이다."

그런데 정말 하나님은 드미트리를 기다려주지 않는 속 좁은 존재인가? 오히려 그의 마음속에 헌신의 열정을 심어주는 존재는 아닌가? 칼리아예프의 숭고한 저항을 무신론적이라 해서 내치실 분인가? 칼을 갈아 날을 세우듯 시대의 아픔에 자기 마음을 갈아 무딘 마음을 벼리는 사람들, 동시대의 눈물과 한숨을 함께 아파하고 불의한 세상을 바꾸기 위해 애태우면서 고난 속으로 뚜벅뚜벅 걸어간 사람들, 그들은 그저 저물녘의 노을처럼 덧없이 스러지고 말 것인가? 나는 테러리스트들의 폭력을 찬미하려는 것이 아니다. 다만 역사의 어둠을 향해 온몸을 내던져 작은 빛이나마 만들려던 이들의 열정이 다 잊혀지고, 사람됨이 사소些少의 함정에 빠져버린 이 시대를 아파하는 것이다.

예수의 길

 죽음과 손을 잡고 살았기에 "내가 세상을 이겼다" 할 수 있었던 예수, 이해할 수 없는 하나님의 침묵 앞에 엎드렸던 예수, 버림받는 고통으로 목이 말랐던 예수는 어둠 너머에 있는 빛을 보았고 죽음 너머의 생명을 보았고 무한한 허공 저편에 있는 대주재 하나님을 보았다. 그렇기에 "의를 위하여 박해를 받은 사람은 복이 있다"고 할 수 있었던 것이다. 형 에서를 피해 달아나다가 황량한 들판에서 돌베개를 베고 잠들었던 야곱이 바로 그곳에서 하늘의 문을 보았던 것처럼, 칼리아예프가 넘어진 그 자리에서 예수는 하늘의 문을 보았다. 예수의 이름 때문에 모욕을 당할 수 있는 자격을 얻게 된 것을 기뻐하면서 공회를 떠났던 사도들, 돌을 손에 들고 증오와 멸시로 식식거리는 이들 앞에서 열린 하늘을 보고 기뻐했던 스데반은 죽음의 벼랑 끝에서 하늘의 길을 본 사람들이다.

 겨울 산을 거닐면서 졸가리만 남은 나무를 바라보면 마음이 서늘해진다. 마른 나뭇잎을 하나 둘 버리면서 겨울나기를 준비하는 나무는 허장성세에 길들여진 우리의 부박함을 꾸짖는 듯하다. 여름이 지나면 가을이 오고 가을이 가면 겨울이 온다. 역사의 겨울이 되면 우리는 별 수 없이 하늘 앞에 우리의 실상을 남김없이 드러내게 된다. 때가 가까웠다. 행여 예수 정신이라는 밑절미가 무너진 교회의 모습을 만천하에 드러내야 하는 부끄러운 순간이 속히 오는 건 아닌가 싶어 등골로 찬기가 흐른다. 우리 마음을 불편하게 만드는 말씀에 일쑤 괄호를 치는 동안, 하나님의 영이 빠져나갔던 예루살렘 성전(겔 10:18-19)처럼 한국 교회에서 하나님의 영광이 떠나시는 것은 아닌가 하는 생각에 초조하기만 하다. 처음 듣는 말씀인 것처럼 주님의 말씀에 귀를 기울여보자. "의를 위하여 박해를 받은 사람은 복이 있다. 하늘나라가 그들의 것이다." 아멘 아멘.

하나님께 헌신했기 때문에 박해를 받는 너희는 복이 있다. 그 박해로 인해 너희는 하나님나라에 더 깊이 들어가게 된다(마 5:10-12).

소금은 늘 같은 소금이지 경우에 따라 짠맛을 내지 않는다. 빛은 언제나 빛이지 사람을 가려 비추지 않는다. 그러나 세상에는 소금처럼 보이지만 소금이 아닌 이도 있고, 빛처럼 보이지만 빛이 아닌 사람도 있다. 모양은 닮았지만 실질은 다른 사람, 그리스도인의 외양은 갖췄지만 그리스도의 진정에는 이르지 못한 사람 말이다.

빛 과   소 금

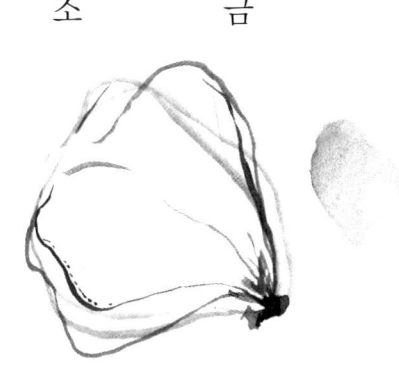

주님의 현존 앞에 설 때

새벽바람이 차다. 습관처럼 멀리 북쪽 하늘을 바라본다. 달을 벗 삼은 별 하나가 유난히 눈망울을 빛낸다. 사람이 물 위를 걷는 것이 기적이 아니라 땅 위를 걷는 것이 기적이라는 말을 되새기며, 한 걸음 한 걸음 마음을 다해 걷는다. 그런데 늘 고요하기만 했던 거리에서 웅성대는 소리가 들려온다. 어떤 중심을 향해 모여들듯 이 골목 저 골목에서 사람들이 삼삼오오 걸어 나온다. 콜록거리는 사람도 있고 뭐라고 중얼거리는 사람도 있다. 새벽시장도 아닌데 웬 사람이 이렇게 많은가? 명상에 잠겨 걷곤 하던 새벽의 고요는 주차 공간을 확보하려는 차들의 기세에 밀려 사라져버렸다. 일순 불편한 마음이 일어 사람들을 바라본다. 옆구리마다 성경책과

찬송가가 끼어 있다. 아, 알겠다. 인근 대형교회에서 마련한 특별새벽기도회 때문이구나. 사태를 알아차렸는데도 고요를 빼앗긴 마음이 편치 않다. '이게 무슨 심보지' 하고 자책도 해보지만 마음의 어둠은 사라지지 않는다.

골판지 상자를 모아 팔아 생계를 이어가는 할머니는 주변의 소음에도 아랑곳하지 않고 상자를 추스르느라 분주하다. 큰길가로 나오자 새벽거리를 쓸던 환경미화원 아저씨가 언제나 그렇듯이 반갑게 인사를 건넨다. 코끝에 콧물이 맺혀 있다. 교회 근처에 있는 인력소개소 앞에는 벌써 여러 사람이 와서 소개소 문이 열리기를 기다리고 있다. 몸을 옹송그린 채 발로 땅을 툭툭 차면서 추위와 사투를 벌이는 사람도 있다. 그들의 시선을 느끼면서 교회로 들어선다. 환하고 따뜻한 예배실에 들어서는데, 작지만 분명한 소리가 내 가슴을 툭 친다.

너희는 세상의 소금이다. 너희는 세상의 빛이다.

이 말씀이 왜 그리도 아프게 들려오는지 모르겠다. 관념 속에서 부유하며 삶으로부터 점점 떠밀리고 있는 나의 무능을 노골적으로 지적하는 것 같기 때문이리라. 차라리 "너희는 세상의 소금이 되려고 애써라. 너희는 세상의 빛처럼 살아야 한다"라고 말씀하셨더라면 아픔이 이처럼 크지는 않았을 것이다. 문제는 "너희는 소금이다, 너희는 빛이다"라는 표현에 있다. 내 마음을 아프게 뒤흔드는 것은 주어와 서술어의 불일치, 자기동일성의 부재, 당위와 현실 사이의 거리에 대한 자각이다.

박이약지

누가 세상의 소금이고 빛인가? 주어와 서술어를 일치시키려 몸부림치는 사람들, 현실의 인력을 뿌리치며 당위에 다가서는 이가 아닌가? 광화문 거리에서 눈물을 글썽이며 서성거리시는 예수는 촛불 하나 밝혀들고 거리를 메운 사람들을 향해, 그리고 이 시대의 아픔과 모순을 짊어지고 넋으로 화해버린 어린 영혼들에게 "너희는 세상의 소금이다. 너희는 세상의 빛이다" 하시지 않을까? 시인 윤동주의 〈쉽게 씌어진 시〉 속에 나오는 '나'는 "등불을 밝혀 어둠을 조금 내몰고,/ 시대처럼 올 아침을 기다리는 최후의 나"에게 손을 내밀어 악수를 청한다. 등불을 밝혀 어둠을 조금 내모는 손, 내가 나를 향해 내미는 손, 그 차갑고 슬픈 손을 잡아줄 따뜻한 손이 곧 "너희는 세상의 소금이다. 너희는 세상의 빛이다"라는 존재 긍정이 아닌가.

　소금은 늘 같은 소금이지 경우에 따라 짠맛을 내지 않는다. 빛은 언제나 빛이지 사람을 가려 비추지 않는다. 세상에는 소금처럼 보이지만 소금이 아닌 이도 있고, 빛처럼 보이지만 빛이 아닌 사람도 있다. 모양은 닮았지만(形似) 실질은 다른 사람, 그리스도인의 외양은 갖췄지만 그리스도의 진정에는 이르지 못한 사람 말이다. 웨슬리는 그들을 가리켜 '절반의 기독교인'이라 했다. 절반의 기독교인은 기독교인이 아니다. 비슷한 것은 진짜가 아니지 않은가? 말투도 비슷하고 표정도 비슷하지만 실질은 그리스도와 닮지 않은 사람들이 많다. 남을 가리킬 것 없다. 내 꼬락서니를 보니 그렇다. 두루 해박한 듯하나 삶의 실질이 부실하구나. 일망무제로 펼쳐진 바닷물은 소금을 내장하고 있으나 아직 소금은 아니다. 염전에 갇혀 뽀얀 폭양 아래 몸을 뒤채면서 헛된 수분을 증발시키지 않고는 소금이 되지 않는다. 그 빛나는 결정체를 이룰 수 없다. 박이약지博而約之라, 폭넓은 섭렵(博)이 하나의 초점을 통해 집약(約) 되지 않는 한 어떠한 결실도 기약할 수 없다. 그래서 예수는 당신을 따르려는 이들에게 '자기 부정'을 요구했다. '자기 부정'을 통해 삶을 거르지 않는 한 소금이 될 수는 없기 때문이리라. 4대강 정비 사업 현장에서, 북한산에서, 광화문에서, 그늘진 삶의 현장에서, 자기를 던져 생명을 지켜내는 박이약지의 소금들을 본다.

  자기도 모르는 새 소금이 된 사람들만이 빛의 알갱이가 되어 세상을 밝힌다. 초는 자기 몸을 태워 빛을 발하고 사람은 이웃 때문에 애를 태워 빛을 발한다는 말은 틀림없는 진실이다. 남루하고 질척거리는 세속의 삶 위에 우뚝 솟아 고고하게 빛나는 정신도 있다. 하지만 그들조차도 상처받은 이웃들을 어루만지기 위해 항간에 엎드린 이들에게서 발산되는 빛의 알갱이들보다 결코 더 밝다고 할 수 없다. 크리스마스라고 교회당 밖에 두른 빛의 띠도 참 빛은 아니다. 그 빛은 다른 이들의 마음을 환하게, 따사롭게 만들지 못하기 때문이다. 세상살이에 지쳐 싸늘하게 식어버린 가슴에 봄을 가져오는 사람, 존재만으로도 기쁨의 노래를 불러오는 사람, 사람 속에 깊게 숨겨진 아름다움에 눈뜨게 하는 사람, 그가 빛이다.

  사도 요한은 예수를 가리켜 '빛'이라 했다. 칼릴 지브란은 《사람의 아들 예수 *Jesus, The Son of Man*》에서 그리스 시인 루마누스의 입을 빌려 말한다.

  그는 시인이었습니다. 그는 우리 눈을 대신해 보았고 우리 귀를 대신해 들었으며 우리가 말로 못하는 말을 그는 입술로 했습니다. 그리고 우리가 느끼지 못하는 것을 그는 손가락으로 만졌습니다.

그의 심장에서 노래하는 새가 이루 셀 수 없이 날아올라 북으로도 남으로도 갔고, 언덕의 조그마한 꽃들은 하늘을 향해 가는 그의 발걸음을 멈춰 세웠습니다.

여러 번 나는 그가 허리를 구부려 풀잎을 만지시는 것을 보았습니다. 나는 속으로 그가 이렇게 말씀하시는 것을 들었습니다. "요 조그만 파란 것아, 너는 베잔의 참나무와 레바논의 백향목과 한가지로 나와 함께 내 나라에 있을 것이다."

그는 모든 사랑스러운 것들을 사랑했습니다. 어린이의 수줍어하는 얼굴, 남쪽에서 오는 유향과 몰약.

참으로 그는 시인이었습니다. 그의 심정은 저 높은 곳을 뛰어넘은 지경에 가 있었고 그의 노래는 우리 귀에 불러주었지만 또 다른 귀를 위해서도 부른 것이었고, 거기서 생명은 언제나 젊고 시간은 언제나 새벽인 세계에 사는 사람에게도 불러준 것이었습니다.

불초不肖 그리스도인이라고 자책하는 우리에게 예수는 말씀하신다. "너희는 세상의 소금이다. 너희는 세상의 빛이다." 이 말은 해학도 비꼼도 과장도 허사도 아니다. 그렇다고 착각하지는 말자. 우리는 여전히 소금의 가능성일 뿐이고 빛의 가능성일 뿐이다. 하지만 갈릴리 어부 시몬의 속에서 '베드로'를 보시고, 나다나엘에게서 '참 이스라엘'을 보시고, 창녀에게서 성녀를 보시는 분이 우리 속에서 빛과 소금을 보고 계신다. 조각가가 돌덩어리 속에서 형상을 이끌어내듯, 주님은 우리에게서 빛과 소금을 끌어내신다. 말씀으로 세상을 창조하신 하나님처럼, 그분은 우리 속에서 가장 아름다운 삶의 결정체를 말씀으로 빚고 계신다. 마음을 열어 그 말씀과 만나면 우리는 이전과 같은 사람일 수 없다.

빛과 소금의 의미

소금은 자기가 없어지면서 뭔가를 이루어낸다. 빛이 비치면 생명이 깨어난다. '의의 공효가 화평'이듯이 빛과 소금의 보람은 생명을 살리는 일이다. 그런데 그것은 언제나 육체를 매개로 해서 나타난다. 하지만 슬프게도 우리 육체는 빛의 매개가 되기보다는 어둠의 매개가 되기 일쑤이다. '마음에는 원이로되 육신이 약하도다'. 현대인들에게 몸은 영원을 나르는 수레가 아니라 경배의 대상이 되고 말았다. 많은 이들이 '몸교' 신도가 되어 거리를 헤매고 있다. 그 몸은 항상

'나'에게로 회귀하는 몸이기에 몸교의 신자들은 자기중심적이다. 자기중심성에는 빛이 없다. 몸이 자기를 향할 때는 어둠이다. 하지만 몸이 타자를 향할 때, 누군가의 필요에 응답할 때, 그의 눈물을 닦아줄 때 몸은 빛이다. 인도의 독립운동가 겸 철학자 비노바 바베Vinayak Narahari Bhave는 "몸은 신의 들판을 경작하는 도구"라 했다.

어둠을 향해 온몸으로 부딪혀 나가다가 힘이 부칠 때마다 지고하신 분 앞에 서야 한다. 그분 앞에 서기만 하면, 그분은 해맑은 모습으로 우리 곁에 다가오시기 때문이다. 아하, 이제 알겠다. 우리가 빛이고 소금일 수 있는 것은 그분의 현존 앞에 오롯이 설 때뿐이다.

"너희는 세상의 소금이다. 너희는 세상의 빛이다."

주님의 현존 안에서 아멘.

너희는 소금을 쳐서 이 땅에 하나님 맛을 드러내라고 여기 있는 것이다. 너희가 짠맛을 잃으면, 사람들이 어떻게 경건의 맛을 알겠느냐? … 너희는 빛이 되어 세상에 하나님의 빛깔을 드러내라고 여기 있는 것이다. 하나님은 감추어 둘 비밀이 아니다. 우리는 이 비밀을 훤히 드러낼 것이다(마 5:13-14).

과분한 선언

"너희는 세상의 소금이다. 너희는 세상의 빛이다." 제자들은 이 말씀을 평생 잊을 수 없었을 것이다. 보잘것없는 인생을 살아온 그들이 "세상의 소금이고 빛"이라는 말씀은 가히 혁명적이기 때문이다. 그들도 현실이 암담할 때마다 뭔가 지금과는 다른 새로운 세상이 오기를 기다렸을 터. 하지만 그 세상을 열어갈 주체가 자기들이라고는 상상도 못했다. 예수를 만나지 않았더라면 척박한 팔레스타인에 태어나 살다가 흔적도 없이 사라져간 수많은 필부필부匹夫匹婦와 다를 바 없었을 그들이다. 하지만 예수를 만나고, 그분의 말씀과 만났을 때 그들의 삶은 우주적인 의미를 갖게 되었다. 이것은 과거 제자들에게만 해당하는 특권이 아니다. 주님은 지금도 보잘것없는 우리를 '세상의 소금과 빛'으로 불러주신다. 이것은 우리의 진부한 삶에 대한 강력한 도전이고 우리가 풀어가야 할 과제이다. 하지만 세상의 소금이라고 하기엔 우리 삶이 너무 세상과 밀착되어 있다. 세상의 빛이라고 하기에는 우리 삶이 너무 어둡다. 그럼에도 우리는 아름다운 생을 살아야 하기에, 세상의 소금과 빛으로 살았던 이들의 삶을 엿보는 게 유익할 것이다.

'세상의' 빛이요 소금이니

프랑스인들이 가장 존경하는 인물 가운데 하나인 피에르 신부의 에피소드가 하나 있다. 아주 당혹스러우면서도 매혹적인 이야기이다. 그는 집 없는 사람들을 도우며 평생을 살았다. 피에르 신부는 1940년대에 이미 파리에 있는 자기 집을 개조해 집 없는 많은 이들에게 잠자리를 제공하였다. 많은 이들이 소문을 듣고 각처에서 몰려와 크리스마스 연휴에는 빈자리가 남아 있지 않았다. 그런데 노인과 아이들을 앞세운 한 가족이 신부를 찾아왔다. 피에르 신부는 그들을 그냥 돌려보낼 수가 없었다. 이모저모로 궁리를 하던 그는 마침내 우리가 생각하기 어려운 일을 감행한다. 예배실에 있는 예수 상을 들어내 다락 한쪽으로 치우고 그곳에 그 가족의 거처를 마련한 것이다. 신령한 사람들이 들으면 화를 낼 만한 상황인지도 모를 일이다. 종교인의 본분을 망각했다고 야단을 맞을지도 모르겠다. 하지만 피에르 신부는 우리에게 슬쩍 농담을 던진다. 어쩌면 신앙의 본질을 꿰뚫는 말일 수도 있다.

"때때로 나는 노숙자들을 위한 우리의 투쟁이 이처럼 널리 발전하게 된 것이 우리 집에 계시던 예수께서 맨 먼저 당신의 자리를 집 없는 가족에게 내놓으셨기 때문이 아닌가 생각한다!"

예수는 가장 작은 자의 모습으로 우리 곁에 오신다고 했다. 배고픈 사람, 목마른 사람, 헐벗은 사람, 나그네 된 사람, 옥에 갇힌 사람, 병든 사람의 모습으로. 이 사람들을 대하는 태도가 곧 예수를 대하는 방식이다. 주님이 제자들을 보고 '세상의 소금, 세상의 빛'이라 하신 것은 그들의 본질substance에 대한 지적이 아니다. 그들이 해야 할 일mission이 무엇인지를 가리키는 말이다. 주님은 우리를 위해 당신 자신을 내어주심으로 세상을 성화하는 소금이 되셨고, 세상의 어둠을 밝히는 빛이 되셨다. 예수를 믿는 이들이 소금처럼, 빛처럼 살아가려면 예수가 하시던 일을 계속 해나가는 수밖에 없다. 그런데 오늘 교회들은 성전을 아름답게 하기 위해 교회의 본질적인 사명을 저버리는 경우가 허다하다. 본말전도이다. 피에르 신부의 이야기는 아주 귀담아들을 만하다.

성소의 아름다움은 대리석 포석이나 장식물에 달린 것이 아니라, 성소 주변에 주거지 없는 가족이 단 한 가족도 없다는 사실에 달려 있다는 것을 사람들은 언제쯤 깨닫게 될까?

이 말이 천둥처럼 크게 울려온다. 교회가 가장 아름답게 서는 길은 바로 세상의 눈물을 닦으러 오셨던 예수의 손발이 되는 것이다. 이 당연한 사실을 새삼스레 확인한다. 많은 교회들이 하나님께 영광을 돌린다는 미명아래 크고 화려한 건물을 지으려고 애를 쓴다. 그 웅장함과 화려함 속에서 예수의 정신이 질식되고 있는 줄은 모르고 말이다. 교회를 교회 되게 하는 것은 건물이나 잘 짜인 제도가 아니라 예수의 혼이다. 외화내빈外華內貧의 교회가 주님의 마음을 기쁘게 할 수 있을지 돌아볼 일이다. 주님이 만일 우리에게 "너희는 세상의 소금이냐? 너희는 세상의 빛이냐?" 하고 물으신다면, 안타깝지만 우리는 "그렇지 못합니다, 주님" 하고 고백할 수밖에 없는 형편이다. 왜 이렇게 되었을까?

우리가 누구인지 모르는 탓이다. 하나님의 자녀라는 탁월한 지위를 버리고 여전히 세상의 노예로 살아간다. 우리에게 허락된 복음으로 말미암는 자유를 향유하지 못한다. 그래서 우리는 여전히 땅에 머리를 박고 욕망의 노예가 되어 하등동물처럼 살고 있다. 하나님의 나라와 그의 의를 먼저 구하면 결핍을 경험하지 않을 것이라는 굳은 약속은 까맣게 잊어버린 모습이다. 이미 이 세상에서 닳고 닳아 소유를 긁어모으는 데 혈안이 되어 있다. 당연히 신앙은 뒷전이다.

교회의 사정도 다르지 않다. 하나님의 뜻을 여쭙고 거기에 복종하기보다는 세속적 성공의 기준에 맞추기 위해 동분서주한다. 한 영혼에 대한 진지한 관심과 사랑보다는 수적인 확장에 온통 마음을 빼앗긴 모습이다. 불의하고 타락한 세상을 향해 하나님의 의를 선포하기보다는 사람들의 욕망을 부추기기 일쑤이다. 교회는 이제 세상을 닮고 말았다. 아니, 교회가 먼저 변했고 세상이 교회를 닮았다고 해야겠다. 예언자들의 입술을 통해 들려오는 주님의 음성에 화들짝 놀라지 않을 수 없다.

목소리를 크게 내어 힘껏 외쳐라. 주저하지 말아라. 너의 목소리를 나팔 소리처럼 높여서 나의 백성에게 그들의 허물을 알리고, 야곱의 집에 그들의 죄를 알려라(사 58:1).

그러나 만일 그 파수꾼이, 적군이 가까이 오는 것을 보고서도 나팔을 불지 않아서, 그 백성이 경고를 받지 못하고, 적군이 이르러 그들 가운데 어떤 사람을 덮쳤다면, 죽은 사람은 자신의 죄 때문에 죽은 것이지만, 그 사람이 죽은 책임은 내가 파수꾼에게 묻겠다(겔 33:6).

또 나팔이 분명하지 않은 소리를 내면, 누가 전투를 준비하겠습니까?(고전 14:8).

분노와 애태움으로

우리는 소금으로, 빛으로 살지 못했다. 세상에 외쳐야 할 소리를 제대로 내지 못했다. 우리가 빛이기를 포기했기에 세상은 아직 어둡고, 우리가 소금이기를 주저했기에 세상에 불의가 가득하다. 이를 어쩌랴. 소금과 빛의 소명이 사장된 현실을 어쩌랴.

먼저 불의한 세상에 대한 분노를 회복해야 한다. 이것이 소금의 맛을 회복하는 관문이다. 이를테면 굶주린 배를 움켜쥐고 잠자리에 드는 어린아이가 있다는 사실을 인간성의 추문거리로 여기는 아픔이 있어야 한다. 아무리 몸부림쳐도 인간다운 삶을 보장받지 못하는 사람들이 우리 주변에 많다는 사실에 아파하고, 또 그들을 돌보지 않고 외면하는 제도나 체제에 대해서 분노해야 한다. 물론 분노에 그쳐서는 안 된다. 고통당하는 이들 곁에 서기 위해 스스로 삶을 절제하고, 그들의 권리를 찾아줄 방도를 끈질기게 모색해야 한다. 소금은 자기 유지를 위해 존재하지 않는다. 맛을 내고 부패를 방지하기 위해 온전히 녹아 없어지는 것이 소금의 운명이다. 죄 없으신 주님은 십자가에서 자기를 완전히 짜내어서 영원한 생명을 우리에게 주셨다. 낮은 자들과 겸상하시며 그들의 삶에 풍미를 더하셨다.

세상의 빛이 되기 원하는가? 스스로 사랑이 되라. 그래도 아직 세상에 밝은 곳이 있는 것은 사랑을 연료 삼아 '자기'를 불태우는 사람들 덕분이다. 돌아가신 어느 목사님에게서 들었던가. 초는 자기 몸을 태워 빛을 내지만 사람은 타인을 위한 애태움으로 빛을 발한단다. 소외된 이들에 대해 애를 태우며 눈물 흘려본 일이 한 번이라도 있는가? 그렇다면 당신은 아름다운 사람이리라. 그들의 눈물을 닦아주고 아픔을 덜어주려고 그들 곁에 다가섰던 사람은 빛의 사람이다. 특별히 장애인들을 친부모 이상의 사랑으로 돌보는 이들에게서 우리는 빛을 본다. 그들은 산 위에 있는 동네와 같아서 세상에서 방황하던 많은 이들이 그 빛을 보고 아름다운 세상을 꿈꾼다.

　예수를 믿는 사람은 많지만 스스로 덕을 세워 다른 이들에게 영적인 감화를 주는 사람은 드물다. 무오한 신앙고백과 아름다운 교회당에서 드리는 예배만으로는 '산 위에 있는 동네'로 설 수 없다. 그리스도의 손과 발이 되고 그분의 목소리가 되자. 그러면 산 위의 동네처럼 누구나 우리를 보고 바라서 우리는 희망의 전령으로 살 수 있을 것이다.

　"너희는 세상의 소금이다. 너희는 세상의 빛이다." 이 말씀은 과연 우리에게 과분한 선언이다. 동시에 '도전'이고 '부름'이다. 이리 재고 저리 재어도 탐탁지 않은 우리에게 어울리는 옷이 아니다. 하지만 우리에게 잘 맞는다고 입혀주신 이 놀라운 소명을 감사히 받자. 그분의 뜻대로 '자기'를 사랑으로 태워 세상을 밝히고 형체도 없이 녹아져 세상을 정화하는 탁월한 지위를 회복하자. 나는 그런 우리를 아름다운 이들이라 감히 말하련다.

너희는 소금을 쳐서 이 땅에 하나님 맛을 드러내라고 여기 있는 것이다. 너희가 짠맛을 잃으면, 사람들이 어떻게 경건의 맛을 알겠느냐? 너희가 쓸모없어지면 결국 쓰레기통에 버려질 것이다. … 너희는 빛이 되어 세상에 하나님의 빛깔을 드러내라고 여기 있는 것이다. 하나님은 감추어 둘 비밀이 아니다. 우리는 이 비밀을 훤히 드러낼 것이다. 산 위에 있는 도시만큼 훤히 드러낼 것이다(마 5:12-13).

잠든 빛을 깨우는 의로움

겨울바람에 실려 온 옛 기억들이 빛바랜 흑백사진처럼 아련하다. 그 속에는 아버지의 한숨이 있고 눈물이 있다. 낮이면 동네 사랑방에 모여 객쩍은 농담을 주고받으며 담배 내기 화투를 치고, 밤이면 트랜지스터라디오에 귀를 기울이며 가마니를 치던 아버지들. 그도 저도 시들해지면, 꽁꽁 언 논배미 옆 물웅덩이를 뒤져 숨어 있던 미꾸라지, 붕어, 물방개 따위를 잡아 한 솥 끓여 푸지게 먹거나, 눈 덮인 앞산 뒷산을 위아래로 누비면서 꿩이나 토끼를 몰아대곤 했다. 생각해보니 그것은 운동선수들의 동계훈련과 같은 것이 아니었나 싶다. 겨울 한복판에 '봄이 우뚝 서는 것(立春)'처럼, 농사는 겨울에 시작되는 것이니 말이다. 하지만 무엇보다도 중요한 일은 객토 작업이었다. 하천 부지의 충적토나 붉은 빛을 띤 산지의 토양을 떠내 토질이 약해진 논 위에 길게 펴는 작업은 아버지들이 가장 공들였던 일 가운데 하나이다. 또 벼 그루가 남아 있는 논을 몇 번씩 갈아엎어 그 속에 계분 같은 것을 넣어주기도 했다.

"아버지, 아직 벼 심을 때도 아닌데, 왜 논을 간대유?"

"그래야 흙 속에도 공기가 스며들어서 땅이 기름지게 되살아나는 거여."

정신의 보습

느닷없는 기억의 실타래 한 끝에서 나는 '가르친다'는 말을 붙잡았다. '가르친다'는 말과 '간다'는 말은 같은 뿌리에서 나왔다 한다. 우리가 누군가를 가르친다는 것은 그의 마음을 갈아엎어 그 속에 신선한 공기를 불어넣는 일일 것이다. 스승이란 굳어진 마음의 지각을 갈아엎는 정신의 보습이 아니겠는가? 예언자들은 인류의 보습이었다.

> 지금은 너희가 주를 찾을 때이다. 묵은 땅을 갈아엎어라(호 10:12).

예수는 당신을 따르는 사람들을 가리켜 '손에 쟁기를 잡은 자'(눅 9:62)라 했다. 스스로 인류의 보습으로 오신 그분은 형해形骸만 남은, 숨 쉴 틈조차 없는 바리새적인 경건의 품에서는 어떤 생명도 자랄 수 없음을 꿰뚫어보셨다. 상투적이고 의례적인 관행은 언제나 아편이 되어 우리를 나태한 정신으로 만들고 만다. 뿐만 아니라 그것은 질곡이 되어 다른 이의 마음을 옭아맨다. 산상수훈은 우리의 굳은 '마음 밭(心田)'을 갈아엎는 정신의 쟁기날이고, 얽매임을 끊어내는 정신의 활인검이다. 기득권을 가진 사람들은 그 쟁기날을 받아들이려 하지 않는다. 그들은 한사코 율법주의의 묵은 밭을 지키려 한다. 하지만 그 굳어진 체제 아래서 숨을 죽이고 있던 생명들에게 예수가 하신 말씀의 쟁기날은 해방의 소식, 곧 복음이었을 것이다. 하지만 박수만 치고 있을 일이 아니다. 갈아엎는다는 건 더 큰 생명을 잉태하기 위한 것이지 기존 질서의 전복을 목표로 하는 것은 아니다.

그 지긋지긋한 율법 조문을 이제 던져버리자고? 모세도 십계명 돌판을 내던졌는데 우리라고 못할 게 뭐냐고? 이제 자유라고? 마음대로 해도 된다고? 설원처럼 찬란한 은총의 새 세계가 열렸으니, 율법이라는 누더기는 벗어던지자고? 아니다. 그게 아니다. 예수는 제자들에게 준엄하게 이르신다. "내가 율법이나 예언자들의 말을 폐하러 온 줄로 생각하지 말아라. 폐하러 온 것이 아니라 완성하러 왔다. … 내가 너희에게 말한다. 너희의 의로운 행실이 율법학자들과 바리새파 사람들의 의로운 행실보다 낫지 않으면, 너희는 하늘나라에 들어가지 못할 것이다."

예수는 이 세상의 모든 문화와 전통을 정죄하러 온 것이 아니라 완성하러 왔다. 예수의 제자들에게 요구되는 것은 더욱 더 엄격한 삶의 자세이다. 우리는 믿음으로 구원받는가? 그렇다. 그렇다면 믿음만 있으면 아무렇게나 살아도 되는가? 아니다. 믿음의 사람에게는 '아무렇게나'란 말이 없다. 그는 온 힘과 정성을 다하여 하늘의 명을 받들기 때문이다. 그는 사람들의 평가에 따라 흔들리지 않는다. 적어도 남의 눈을 의식해서 행동하지는 않는다는 말이다. "타인의 시선이 나를 타락시킨다"는 사르트르의 말은 인간이 얼마나 허약한 정신적 토대 위에 집을 짓는 존재인가를 말해준다. 미루나무 꼭대기에 지은 까치집은 폭풍이 불어와도 무너지지 않는데, 우리 존재의 집은 작은 바람에도 속절없이 무너지고 만다.

공자는 "남이 알아주지 않아도 노여워하지 않는 사람"이 군자라고 했다. 군자는 사회의 인정이나 평판에 기대기보다는 하늘의 뜻을 받들려는 더 원대한 목표를 가지고 산다. 그는 자기 속에 드리운 어둡고 음습한 욕망을 청소하고 세상의 눈물을 닦아주는 일에 최선을 다한다. 유가에서는 군자의 삶의 자세를 '거인욕, 존천리去人欲, 存天理'라는 말로 요약한다. 그에 반해 소인은 항상 자기의 욕망 주변을 맴돌다가 급기야는 거미줄에 걸린 날벌레처럼 타인의 시선에 포박된 채 인생을 탕진한다. 그들은 언제나 자기 밖의 것을 탓한다. 예수에게 하늘에서 내려온 표적을 보이라고 요구했던 바리새인들처럼, 그들은 삶의 중심을 바깥에서만 찾는다. 그들의 삶은 '거인욕, 폐천리居人欲, 廢天理'라 할 수 있을까? 조금은 가혹한 말인 듯싶다. 하지만 진리에 눈뜨지 못한, 영혼이 영글지 못한 내게는 그렇게 보인다. 이죽거림이 영혼의 허약을 보여주는 징표인 줄 알면서도 나는 이렇게 밖에 말할 줄 모른다.

그런데 오늘 '성도'라 불리는 우리는 군자에 가까운가, 소인에 가까운가? 이것은 각자가 대답할 문제이다. 하지만 '거룩함을 추구하는 사람'이 소인일 수는 없다. '소인배 성도'란 말은 형용모순이다. 하지만 현실은 그렇지 못하다. 자기 이익 앞에 한 치의 양보도 없는 소인배 성도, 자기를 알아달라고 높여달라고 검은 돈을 쓰는 것을 부끄러워하지 않는 소인배 성도, 자기의 허물을 덮으려고 다른 이를 모함하는 소인배 성도, 자기 의에 사로잡혀 함부로 다른 이를 재단하는 소인배 성도가 많다. 이 말을 하는 나 역시 모골이 송연함을 느낀다. 남 얘기가 아니기 때문이다. 공자는 자기에게서 잘못된 것을 보면 자기 안에 법정을 차려놓고 자신과 송사를 벌여야 한다 했다. 이것을 자송自訟이라 한다. 이런 치열한 자기 성찰과 수덕을 거쳐야 사람은 악취를 벗고 향기를 풍기게 된다.

삶의 중심 잡기

제자인 우리에게 예수가 요구하시는 것은 율법학자들과 바리새파 사람들보다 더 나은 의이다. 물론 이것은 외적인 행위 규정을 더 철저히 준수하라는 요구는 아닐 것이다. 위에서 부과된 규정은 우리 영혼에 자유와 기쁨을 줄 수 없기 때문이다. 우리 영혼의 중심을 하나님께 맞추고 살라는 말일 것이다.

어린 시절, 참나무를 깎아 만든 팽이를 들고 얼음판에 나가면 참 신명났다. 조그마한 막대기에 헝겊쪼가리를 매서 만든 채를 가지고 팽이를 돌리노라면 시간 가는 줄도 몰랐다. 그런데 참 신기하기도 하지. 채에 맞아 이리 비틀 저리 비틀거리던 팽이는 곧 중심을 잡고는 더 이상 흔들리지 않았다. 문제는 중심이다. 삶에 흔들리지 않는 중심이 생기면 우리는 더 이상 인생행로를 갈지자로 걷지 않게 된다. 하지만 우리를 비틀거리게 만드는 것을 벗어버린다는 것이 결코 쉬운 일이 아니다. 낡은 옷은 벗어버리면 그만이지만, '나'는 끝까지 지고 가야 할 달팽이집과 같다. 욕망은 우리의 중심을 요동치게 만들고, 거기서 비롯된 애증은 정신을 피폐하게 만든다. 피폐한 정신이 걸어간 자리에 남는 것은 무거움과 상처뿐이다.

명나라의 여곤呂坤이라는 사람은 일찍이 마음과 자취를 다 맑게 지니려는 뜻을 품고 살았다. 그래서 그는 네 마디 말을 가슴에 새기고 살았다 한다. "행함은 맑고 이름은 탁하게. 도는 나아가되 몸은 물러나게. 이익은 나중으로 하고 해로움은 먼저. 남은 풍족하게 하되 나는 검약하게 하고자 한다." 십자가의 성 요한도 비슷한 말을 했다.

보다 쉬운 것보다 보다 어려운 것을
보다 맛있는 것보다 보다 맛없는 것을
보다 즐거운 것보다 차라리 덜 즐거운 것을
쉬는 일보다도 고된 일을

위로되는 일보다도 위로 없는 일을
보다 큰 것보다 보다 작은 것을
보다 높고 값진 것보다 보다 낮고 값없는 것을
무엇을 바라기보다 그 무엇도 바라지 않기를
세상의 보다 나은 것을 찾기보다 보다 못한 것을 찾아라.
그리스도를 위하여, 세상의 모든 것에 대하여
온전히 벗고, 비고, 없는 몸 되기를 바라라.

이것은 지금 우리가 지향하는 삶을 거의 정확하게 뒤집은 것이 아닌가? 성도의 삶은 하늘 길을 가리켜 보이는 이정표가 되어야 한다. '온전히 벗고, 비고, 없는 몸 되기'를 바라는 것이야말로 참된 인간의 길일 것이다. 요한에게 세례를 받고 물으로 올라오시던 예수의 얼굴, 다볼산 위에서 해처럼 빛나던 예수의 얼굴은 자기를 온전히 비운 이의 얼굴이었으리라. 누군가를 죄인으로 드러내고야 마는 율법학자들과 바리새파 사람들의 의 말고, 다른 이들 속에 잠들어 있는 빛을 깨우는 따스한 의, 우리는 그 의를 위해 부름 받았다. 아, 길이 참 멀구나.

옳게 사는 문제에서 너희가 바리새인들보다 훨씬 낫지 않으면, 천국에 들어갈 생각은 아예 하지 말아야 한다(마 5:20).

말씀을 길로 삼아

성경의 운명은 참 묘하다. 가장 많이 팔렸지만 가장 읽히지 않는 책이기 때문이다. 새해가 되면 신자들은 '올해는 기필코 성경 일독을 하리라' 다짐하지만 이런 장한 결심은 3월을 넘기지 못하는 일이 다반사이다. 그래서일까? 교인들에게 가장 익숙한 성경은 구약 제일 첫 책인 창세기인 경우가 많다.

성경을 매일의 일과처럼 쓰는 그리스도인들이 꽤 있다. 노트에 꼼꼼하게 적는 이도 있고, 컴퓨터를 이용해 쓰는 이도 있다. 말씀에 대한 열망이 남다른 분들이지만, 자판을 두드리는 행위 자체에 빠져 성경을 묵상하고 말씀과 대화하는 시간을 놓쳐서는 안 되겠다.

"일생의 도전 성경 필사"라는 현수막이 어느 교회 전면에 걸려 있는 걸 본 적이 있다. '베껴 씀'을 뜻하는 '필사筆寫'라는 단어가 '죽도록 힘을 쏟다'는 뜻의 '필사必死'처럼 보였다. 신앙생활에서 이런 다부진 결의가 너무 없어도 곤란한 문제이기는 하다.

성경, 하나님께로 이끄는 지도

성경을 가리켜 '캐논canon'이라고도 한다. '재는 막대'를 뜻하는 그리스어에서 나온 말이다. 참된 삶을 살고자 하는 이들이 항상 성경을 척도로 삼아야 한다는 의미일 것이다. 우리는 세상에서 사람다워지는 길을 자주 잃어버리곤 한다. 눈길을 끄는 것들이 오죽 많은가. 다섯 가지 색이 눈을 멀게 한다는 옛말처럼 우리는 화려한 것들에 정신이 팔려 마땅히 보아야 할 것을 보지 못할 때가 부지기수이다. 한편 우리는 두려움 때문에 길을 헤맬 때가 있다. 누가 내게 해코지를 하지 않을까, 손해를 입히지 않을까 늘 긴장하며 사니 심신이 고달프다. 이럴 때면 마음은 중심을 잃고 비틀거린다. 낯선 길을 갈 때 가끔 멈추어 서서 지도를 들여다보는 여행자들처럼, 우리도 가던 길 멈추고 지도를 살펴보자. 성인은 어디에도 매이지 않고 '하늘에 비추어 보는(照之於天)' 사람이다. 성경이 바로 우리를 하나님에게로 이끄는 지도이고 거울이다.

말씀을 읽는다는 것은 우리 삶을 하늘에 비추어보는 일이다. 말씀을 음미하는 동안 우리는 성경 이야기의 일부가 된다. 풍랑이 이는 호수에서 사투를 벌이는 제자가 되기도 하고, 오병이어의 기적이 일어난 벌판에서 굶주린 배를 채우기도 하며, 산상수훈이 선포되던 갈릴리의 어느 언덕에 앉아 있던 식민지 백성이 되기도 하고, 겟세마네 동산에서 스승의 괴로움을 모른 채 잠들었던 무심한 제자가 되기도 한다. 이 모든 이야기를 관통하고 있는 것은 우리를 향한 하나님의 사랑이다. 성경 이야기에 귀를 기울이는 동안 우리는 하나님의 구원사의 한 부분이 된다. 우리가 듣는 이야기가 우리의 정체성을 결정하는 것이다.

이야기라는 측면에서 보면 구약이 신약보다 훨씬 구체적이고 역동적이다. 물론 복음서는 예수의 말씀과 행적을 다루고, 사도행전도 성령의 능력에 사로잡힌 사도들의 일화가 많이 나오지만 구약에 비할 바는 아니다.

그런데 우리는 구약을 소중히 여기면서도 어느 틈엔가 차별을 하고 있다. 구원은 '오직 믿음'을 통해서만 가능하다는 전제가 워낙 강하기 때문이다. 그러다 보면 율법은 복음을 거스르는 것이라 인식하기 십상이다. 하지만 그리스도의 십자가를 통한 구원을 강조한 바울이 무엇으로 고뇌하였는가. 그는 자기와의 불화 때문에 신음하고 또 신음했다. "나는 내가 하는 일을 도무지 알 수가 없습니다. 내가 해야겠다고 생각하는 일은 하지 않고, 도리어 해서는 안 되겠다고 생각하는 일을 하고 있으니 말입니다"(롬 7:15). 바울은 해야 할 일과 하지 말아야 할 일을 분별하고 있다. 바로 율법이 이 일을 한다. 율법으로 말미암아 분별력을 갖게 된 바울은 선을 행하려는 의지는 있으나 실행할 힘이 없는 자신 때문에 또 다시 고민한다. 이 무기력증은 어디서 비롯된 것일까? 바울은 말한다. "아, 나는 비참한 사람입니다. 누가 이 죽음의 몸에서 나를 건져주겠습니까"(롬 7:24). 죄에 사로잡혀 어떤 의지도 발휘할 수 없는 자신을 발견한 것이다.

이런 처절한 밤이 있었기에 은총의 새벽은 밝아왔다. 예수 그리스도의 구속의 은총이 바울을 해방시켜주었다. 무지근하게 생을 압박하던 뭔가가 떨어져나간 것 같은 느낌, 냄새 나고 무거운 누더기 옷을 벗어던진 느낌, 바울이 경험한 것이 이런 것이 아니었을까? 바울은 구속의 은총에 감격하여, 율법의 행위가 아니라 믿음을 통하여 은혜로 구원받는다는 사실을 사람들에게 전하기 시작한다. 아름다운 변화이다.

하지만 바울 사도의 깊은 통찰을 이해하지 못하는 이들은 이 말을 오해했다. 행위는 뒷전에 두어도 된다고 생각한 것이다. 사람들은 신앙을 삶의 문제로 보지 않고 정신의 문제로 보기 시작했다. 중요한 것은 구원받은 사람의 변화된 삶인데, 어떻게 해야 구원받을 수 있는지에 몰두하였다. 필사적인 노력이 배제된 신앙은 삶의 변화로 이어질 수 없다. 바울은 이런 결과를 의도한 바 없다. 참된 믿음은 반드시 열매를 맺고 행위로 나타날 수밖에 없다는 것이 사도 바울의 신앙고백이요 신학이었으니 말이다.

율법의 완성이란

율법을 폐하러 온 것이 아니라 완성하러 왔다는 예수의 말씀에서 사람들은 '약속과 성취'라는 도식을 찾아낸다. 율법이나 예언자들을 통해 약속한 것이 예수를 통해 성취되었다는 것이다.

또 다른 말씀을 들어보자. "내가 진정으로 너희에게 말한다. 천지가 없어지기 전에는 율법은 일점일획도 없어지지 않고 다 이루어질 것이다"(마 5:18). 이 말씀은 율법을 폐하러 온 것이 아니라는 말씀을 보충 설명한다. 사람들은 '일점일획'이라는 말에 방점을 찍는다. 그런데 마태복음 5장 21절 이하에서 아주 놀라운 선언이 등장한다. 분노, 음욕과 간음,

이혼과 간음, 맹세, 보복, 원수 사랑에 대해 가르치면서 예수는 율법의 가르침을 부정하시는 것 같기도 하다. 이 말씀의 구조는 동일하다. "'~하지 말아라'고 말한 것을 너희는 들었다. 그러나 나는 너희에게 말한다. ~." 율법의 일점일획도 없어지지 않고 다 이루어질 것이라고 하신 주님이 어찌 이렇게 말씀하시는가? 율법을 부정하는 것 아닌가? 하지만 이것이야말로 율법의 완성이다. 율법 속에 담긴 하나님의 뜻이 무엇인가를 읽어내고 계시니 말이다. 불립문자不立文字 혹은 교외별전敎外別傳이라는 말이 있다. 진리는 말이나 글자로 전할 수 있는 게 아니라 마음에서 마음으로 전하는 것이라는 뜻이다.

예수가 율법이나 예언자의 말을 부정하는 것처럼 보이지만, 오히려 그 뜻을 더 풍부하게 해석하셨다. 말씀 속에 담긴 하나님의 뜻을 읽어내셨기 때문이다. 그리고 그 말씀을 고스란히 삶으로 번역해내셨다. 다시 말해, 말씀이 육신이 되셨고 몸소 말씀을 완성하셨다.

말씀을 길로 삼아

유대인의 전승이 하나 떠오른다. 다윗이 하나님에게 자기가 언제 죽을지 알려달라고 부탁했다. 하나님은 그 부탁을 거절하셨지만 워낙 아끼는 사람인지라, 그의 최후의 날은 안식일이 될 것이라고 귀띔해주셨다. 그날 이후 다윗은 안식일마다 말씀을 연구하는 데 시간을 다 바쳤다. 마침내 하나님이 정하신 날이 되자 죽음의 천사가 다윗을 찾아왔다. 여전히 다윗은 말씀에 집중하고 있었다. 탈무드에 따르면 어떤 사람이든 말씀 연구에 매달리고 있는 동안에는 천사라 할지라도 그를 범접해서는 안 된다. 다윗은 천사에게 좀처럼 틈을 보이지 않았다. 죽음의 천사는 마침내 한 가지 계략을 꾸몄다. 그는 정원에 있는 나무를 흔들어 살랑거리는 소리를 냈다. '저 소리의 정체가 뭐지?' 궁금증을 참지 못한 다윗은 사다리를 세워놓고 나무에 오르다가 미끄러져 떨어지고 말았다. 충격 때문에 그는 토라를 암송할 수가 없었고 그 순간 죽음이 찾아왔다고 한다.

이 이야기는 유대인들이 무엇을 소중히 여기는지를 보여준다. 이야기 속에서 다윗은 조국을 위한 전투에서 번번이 승리를 거둔 군사적 영웅이 아니다. 오히려 그는 말씀을 묵상하는 인물로 소개된다. 이야기의 요지가 무엇일까? 하나님의 말씀을 놓치지 않는 유대 민족은 힘겨운 현실을 뛰어넘어 영원히 존속한다는 이야기가 아닐까?

유대인들은 나라를 잃고 떠돌면서도 하나님의 말씀을 가

르치기 위해 가는 곳마다 회당을 세웠다. 말씀의 불씨를 꺼뜨리지 않았기에 그들은 어떤 시련 가운데서도 살아남을 수 있었다. 부모가 자식에게, 랍비가 제자들에게 들려주는 이야기를 통해 유대인들은 자기가 누구인지를 알게 되었고, 하나님과 언약을 맺은 백성으로서의 자부심을 유지할 수 있었다. 이는 말씀이 길이 되고 생명이 된다는 사실을 입증하는 더없이 분명한 증거이다.

이어서 주님을, 말씀을 길로 삼은 사람의 삶이 어떠해야 할지 아주 분명하게 제시하신다. "내가 너희에게 말한다. 너희의 의가 율법학자들과 바리새파 사람들의 의보다 낫지 않으면, 너희는 하늘나라에 들어가지 못할 것이다"(마 5:20).

여기서 말하는 '의'는 복잡한 신학적 개념이 아니다. 오히려 단순한 개념인데, 하나님의 뜻을 분별하고 그 뜻을 온전히 살아내려는 노력을 '의'라 한다. 의는 반드시 열매를 맺는데, 주전 8세기의 예언자 미가는 일찍부터 이 점을 지적했다. "너 사람아, 무엇이 착한 일인지를 주님께서 이미 말씀하셨다. 주님께서 너에게 요구하시는 것이 무엇인지도 이미 말씀하셨다. 오로지 공의를 실천하며 인자를 사랑하며 겸손히 네 하나님과 함께 행하는 것이 아니냐"(미 6:8).

하나님의 말씀을 길로 삼은 이들은 이 세상에 공의가 실현

되는 일을 위해 애를 써야 한다. 골짜기는 메우고, 모든 산과 언덕은 평평하게 하고, 굽은 것은 곧게 하고, 험한 길은 평탄하게 하는 것이 우리의 소명이다. 남의 아픔에 공감할 줄 알고 늘 하나님을 모신 사람답게 언행을 삼가 겸손히 행하는 삶을 추구해야 한다.

교회 전통은 예수를 가리켜 육체를 입고 오신 말씀이라 고백한다. 이제는 우리 차례이다. 하나님의 말씀은 누군가의 몸을 필요로 한다. 여러분의 손과 발을, 시간과 정성을 주님께 봉헌하여, 말씀이 여러분의 존재와 삶을 통해 세상에 말하도록 하라.

하나님의 율법에서 가장 작은 항목이라도 하찮게 여긴다면, 너희 스스로를 하찮게 여기는 꼴밖에 되지 않는다. 그러나 그 율법을 진지하게 대하고 다른 사람들에게 그 길을 보여주면, 너희는 천국에서 영광을 얻을 것이다(마 5:19-20).

말의 제값 찾기

예수는 말의 경제학을 본능적으로 체득했던 것 같다. 그의 가르침은 간결하고 소박하다. 현학도 없고, 도저한 변설도 없다. 비유를 사용한 것도 말을 모호하게 하기 위해서가 아니라 오히려 삶의 실상을 우리 심상에 그리듯 보여주기 위해서이다. 때때로 그의 말은 비수처럼 날카롭다. 거짓과 위선을 도려낼 때 그렇다. 그런가 하면 꿈을 꾸듯 아름다울 때도 있다. 생의 풍요로움을 드러낼 때이다. 이때 그의 말은 삶에 지친 이들의 울울한 가슴에 생명의 기운을 불러일으키는 봄바람이 된다. 천박한 호기심을 보이는 무리에게는 침묵을 통해 천둥보다 더 큰 울림을 일으키기도 한다.

그의 선포는 일종의 파종 행위이다. 땅에 심긴 씨앗이 자고 깨고 하는 중에 싹이 나고 자라나 마침내 결실하게 되듯이, 그의 말은 사건을 일으킨다. 관습적인 말의 울타리 안에 기꺼이 머물고 있는 이들에게 그의 말은 늘 낯설다. 그렇기에 불온하다.

존재로 증명되는 말, 말일 뿐인 말

인디언 주술사인 '구르는 천둥'은 "탁월한 스승은 자기 말을 증명해야 한다고 여기지 않으며, 심지어 제자가 지금 그것을 이해하기를 바라지도 않는다"고 말했다. 예수는 그런 의미에서 탁월한 스승이다. 예수는 자기의 말을 사람들에게 납득시키기 위해 어떤 이론도 들이대지 않는다. 자신의 진실 됨을 입증하기 위해 하늘이나 땅을 들어 맹세하지도 않는다. 예수의 말에 대한 증거는 그의 존재 자체이다. 예수가 "나는 세상의 빛이니 나를 따르는 자는 어두움에 다니지 아니하고 생명의 빛을 얻으리라"라고 했을 때 바리새인들은 즉각 이의를 제기했다. "네가 너를 위하여 증거하니 네 증거는 참되지 아니하도다." 그들에게 중요한 것은 말이 가리키는 실체가 아니고, 그 말을 보증해주는 다른 권위였다. 답답하다. 예수는 달을 가리키고 있는데, 바리새인들은 손가락만 바라보는 격이다. 말이 통하지 않을 때는 우문현답이 최고이다. "내가 나를 위하여 증거하여도 내 증거가 참되니 나는 내가 어디서 오며 어디로 가는 것을 알기 때문"(요 8:12-14 참조)이라고 했다. 내가 곧 내 말의 증거라는 것이다.

자신을 돌아본다. 내가 곧 내 말의 증거인가? 나는 삶으로 내 말을 뒷받침하고 있는가? 아니다. 말과 존재 사이의 괴리가 나를 짓누른다. "아는 자는 말하지 않고, 말하는 자는 알지 못한다(知者不言, 言者不知)"했다. 물론 알면 입을 꾹 다물게 된다는 말은 아닐 것이다. 이 말은 쓸데없는 말, 죽은 말, 허섭스레기 같은 말을 늘어놓지 않는다는 말일 게다. 많은 종교인들의 말이 번다함을 면치 못하는 것은 핵심을 붙잡지 못하기 때문이다. 예수는 "나는 그분에게서 들은 대로 세상에 말한다"라고 하셨다(요 8:26). 또 "나는 나의 아버지에게서 본 것을 말한다"(요 8:38)고도 하셨다. 중요한 것은 들음과 봄이다. 듣지 못한 채 말하고, 보지 못한 채 말하는 것은 정신적인 사기이다. 세상의 뜬소문을 자기의 편견과 버무려 종교적 진리로 선포하는 것은 듣는 이들의 영혼에 대한 약탈 행위이다. 예수는 유대인들을 향해 통렬하게 말씀하셨다. "너희는 너희의 아비에게서 들은 것을 행한다"(요 8:38). 물론 그 '아비'는 사탄이다.

폐부로부터 우러나오지 않는 말, 목구멍과 입술 사이에서 흘러나오는 말, 자기 욕망의 필터를 통과해 내려앉은 말, 종교적 권위의 옷을 입고 나타나는 그럴싸한 속임수가 망령처럼 우리 곁을 서성인다. 화려한 말의 향연 속에서 영혼은 시들어간다. 행복하게 시들어간다.

모든 말들이 길을 헤매고 있었다. 사람들은 이제 말을 하지 않는다. 그들은 너무 많은 말을 하여 말들의 주소를 바꿔놓음으로써 말들을 혹사했고 말들을 배반했고 결국에는 그 말들을 기진맥진 지쳐나게 했다. 말들은 그들의 고향을 잃어버렸고 그들의 고향에 대한 감사와 의리를 잃어버렸다. 그래서 배반당한 말들은 자유였다. 그들이 태어날 때 지은 모든 약속에서 말들은 자유였다. 그러나 말들은 이제 정처가 없었다. 말들은 이곳저곳 떠돌아다니며 그들이 깃들 곳을 찾았다.

이청준의《떠도는 말들》에 나오는 구절이다. 떠도는 말들, 고향을 잃어버린 말들, 약속을 저버린 말들이 우리 사이를 횡행한다. 진정이 담기지 않은 말, 입에 발린 말, 그냥 해보는 말, 아첨, 아전인수가 판을 친다. 특히 배타적인 정신으로 중무장한 종교인들은 사랑을 말하면서 증오를 가리키고, 평화를 말하면서 불화를 선동하고, 상생을 말하면서 상쟁을 지향한다. 이 시대의 사람들은 말의 배신 때문에 크게 상처를 받지 않는다. 익숙해 있기 때문이다. 자기가 믿는 진실을 지키기 위해 순교를 각오했다는 사람을 보아도 그가 정말 죽을 거라고 생각하는 사람은 아무도 없다. 그는 여전히 밥을 먹고, 잠을 자고, 낄낄거리고, 화를 내며 살 것이다. 그래서 그런 말을 들어도 사람들은 그저 그런가 보다 하고 지나치지 그의 장례 절차에 대해 고민하지 않는다. 어떤 일이 불가능할 거라 예견하면서 그런 일이 일어난다면 "내 손에 장을 지지겠다"고 누군가가 장담을 해도 사람들은 당황하지 않는다. 정말로 자기 손에 불을 붙이지 않을 것을 누구나 알기 때문이다. 누군가 자기의 결의를 보여주기 위해 만일 자기가 약속을 어기면 '성을 바꾸겠다'고 말해도 아무도 그의 성을 무엇으로 바꿔주어야 할지 염려하지 않는다.

소박하고 담백한 말

말들이 제 집을 찾지 않는 한 우리는 서로 신뢰할 수 없다. 말은 한 사회의 신뢰의 토대이다. 말이 탁해지고 독해지면 그 사회는 병들고 만다. 시인 오규원은 말을 가리켜 '욕망의 성기이며 육체의 현실'이라 했다. 우리는 말을 통해 세상을 만지고, 세상은 또한 말을 통해 우리 육체와 영혼을 어루만진다. 벌겋게 달아오른 말들, 외설적인 말들이 우리의 마음을 달뜨게 만들고 있다. 그러면 어떻게 해야 하나? 탁해진 물을 치유하기 위해서는 그 물을 바다로 돌려보내야 하듯이, 영상 예술가들이 전쟁으로 폐허가 된 세상을 보여준 후에 그 화면을 거꾸로 돌려 세상을 원래의 상태로 되돌리는 과정을 보여주듯이, 말을 본래의 고향으로 돌려보내야 한다. 벼를 도정해 쌀을 얻듯이, 말에 덧씌워진 눅진눅진한 욕망과 거짓을 벗겨내 말의 참값을 되찾아야 한다. 그러려면 어떻게 해야 할까?

예수의 대답은 간단하다. "너희는 '예' 할 때에는 '예'라는 말만 하고, '아니오' 할 때에는 '아니오'라는 말만 하여라"(마 5:37).

자기 말의 진실성을 담보하기 위해서 다른 권위에 기대지도 말고, 화려하게 겉꾸미지도 말고, 소박하게 말하라는 것이다. 위험이 예상되는 상황에서 어떤 경우에라도 진실을 지키라는 비장한 명령인 것처럼 들린다. 하지만 아니다. 예수는 사람들의 말살이가 바로 잡히지 않으면 아름다운 세상의 꿈은 한갓 허망한 꿈에 지나지 않을 것을 너무나 잘 아셨다. 그래서 우리가 말에 덧붙여온 허장성세를 걷어내라는 것이다. 졸가리를 통과한 바람처럼 소박하고 담백하게 말하라는 것이다. 아, 참 어렵구나. 자기를 미화하려는 욕망도 없이, 누군가를 설득하려는 조바심도 없이, 그 말이 일으킬 정서적 효과에 대한 치밀한 계산도 없이, 자기 내면의 진실에 입각하여 말하는 이들은 얼마나 희귀한가? 삶이 곧 자기 말에 대한 담보인 사람은 얼마나 힘찬가? 시인 정현종은 〈장난기〉라는 시를 통해 우리들 말살이의 실상을 아프게, 그러면서도 우스꽝스럽게 드러내었다.

내 말보다는 아무래도
셰익스피어가 한 말이라고 해야 먹힐 것 같아
나는 장난기가 동하면 가끔 내 말을 셰익스피어가 한 말이라고 하고 말을 한다.
사람들은 긴가민가하면서도 (셰익스피어가 안 한 말이 있겠느냐 싶기도 하여) 표정을 고쳐가지고 듣는다.

시인은 '장난기'라는 제목 뒤에 숨어서 제값을 잃은 말의 운명을 탄식하고 있다. 시인은 말을 다루는 자이니까 말이 힘이란 걸 안다. 체코공화국의 대통령이었던 바츨라프 하벨 Vaclav Havel의 말은 시사하는 바가 많다.

똑같은 말이 한 순간엔 큰 희망을 방출하다가도, 다른 순간에는 살인 광선을 내뿜기도 한다. 똑같은 말이 한 순간엔 참이었다가 다음번에 거짓으로, 그리고 사태를 명확하게 조명해주다가도 또 다른 순간엔 기만적으로 될 수 있다. 그것은 어떤 경우에는 찬란한 지평을 열어주다가, 다음번엔 수용소 군도에 이르는 통로를 세우기도 한다. 같은 말이 한 시점에서는 평화의 주춧돌이었다가, 다음 순간엔 그 음절 하나하나마다 기관총 소리가 울려 퍼질 수도 있다.

말의 회복은 시인들만의 몫이 아니다. '말'이 곧 창조의 도구임을 아는 기독교인들이야말로 말의 제값 찾기에 최선을 다해야 한다. 그러기 위해서는 자기의 말에 육신을 부여해야 한다. 말과 삶을 틈 없이 일치시키는 '정성스러운 삶', 예수가 걸었던 그 길을 우리도 걸어야 한다. 종교적 권위의 옷을 입고 기관총 소리처럼 울려 사람들의 영혼을 혼란에 빠뜨리는 말 말고, 욕망의 먼지를 뽀얗게 일으키는 큰 소리 말고, 영혼의 귀를 통해 들어가 가슴과 내장을 거쳐 온몸 구석구석까지 휘돌다가 마침내 육체를 입고야 마는 말, 그것이 참 말이다. 말이 너무 많았다. 눈빛만으로도 마음을 통할 수 있다면 말은 단순해지리라. 문제는 삶이고 정성이다. 세상에서 가장 힘 있는 말을 듣는다. "하나님이 말씀하시기를 '빛이 생겨라' 하시니, 빛이 생겼다"(창 1:3).

그러면 '그렇다', 아니면 '아니다'라고만 하여라. 자기 뜻을 관철하려고 말을 조작하다가는 잘못된 길로 빠진다(마 5:37).

　어쩌면 우리는 지금 전쟁의 신이 탔던 말 잔등에 오른 채 얼바람 맞은 사람처럼 숨을 헐떡이고 있는지도 모르겠다. 주장하고, 행동하고, 사건을 만들고, 싸우고, 움켜쥐느라 늘 분주하지만 영혼의 항아리에 감도는 것은 늘 공허한 울림뿐이다.

　-

전 쟁 의 　 소 문

힘의 질서를 뛰어넘는 사람

봄은 남녘에서 들려오는 화신, 그리고 고비사막을 거쳐 온 황사바람과 함께 다가온다. 그래서 우리는 봄이면 마스크를 준비한다. 달이 바뀌어도 좀처럼 사라지지 않는 감기 증세처럼, 사람들은 기분 나쁜 미열에 시달리며 봄을 앓는다. 중동에 드리운 전쟁의 먹구름 때문일 것이다. 버들눈에 내려앉는 햇살조차 싱그럽지 않다. 햇살이야 예년과 다르겠는가만 미국의 패권주의를 의구심으로 바라보는 우리 마음에는 봄 신명이 들어설 여유가 없다. 계곡을 가득 채우는 물소리의 리듬을 따라 우듬지 끝으로 우줄우줄 봄이 오르고 있지만, 인간 세상에 불어닥치는 칼바람이 매섭기만 하다. 구름 걷힌 맑은 하늘 아래 서고 싶다. 1960년대에 활동한 시인 신동엽의 〈누가 하늘을 보았다 하는가〉라는 외침이 온몸을 관통한다.

닦아라, 사람들아
네 마음속 구름
찢어라, 사람들아
네 머리 덮은 쇠항아리

아침저녁
네 마음속 구름을 닦고
티없이 맑은 영원의 하늘
볼 수 있는 사람은
외경畏敬을
알리라

하늘을 잃어버린 세상

외경을 잃어버린 세상, 쇠항아리를 하늘로 알고 사는 세상, 이런 세상에 평화는 없다. 하늘을 잃은 세상은 급기야 형제를 미워하고 죽음으로 내모는 가인의 길로 접어들게 된다. 그의 귀는 닫혀 있어 "죄가 너의 문에 도사리고 앉아서,

너를 지배하려고 하니, 너는 그 죄를 잘 다스려야 한다"(창 4:7)는 경고조차 듣지 못한다. 도스토옙스키는 《지하생활자의 수기 Zapiski iz podpol'ya》에서 인간의 근본적인 결함은 끝이 없는 무례함이라 했다. 무례함이란 균형의 상실이고, 부자연스러움이고, 조화를 이룰 줄 모름이다. 과도한 권리 주장이요, 다른 이의 살 권리에 대한 부정이다.

삶의 기본 진리는 남의 생명을 해치지 않는 것인데, 힘으로 다른 생명을 강압하면서 그것을 평화를 위한 유일한 선택이라고 말하는 것은 문명의 얼굴을 한 야만일 뿐이다. 세상은 지금 어디를 향해 가고 있는가? 힘과 지배에 맛 들인 자들은 권력 행사로부터 얻는 쾌락을 끊지 못한다. 설사 그것이 저급한 것이라 해도. 폭력은 세이렌의 노랫소리처럼 매혹적이기 때문이다. 하지만 그 노래에 이끌리는 자들은 죽음의 운명을 피할 수 없다.

폭력이 일상화된 세상, 힘이 정의가 된 이 야만적인 세상에서 하늘에 순順하며 살 수 있을까? 소수의 이익을 위해 보편적인 정의가 짓밟히는 세상에서 우리는 여전히 사랑의 노래를 불러도 되는 것인가? 이제 저항의 노래를 그쳐야 하나? 곤고한 역사의 개펄을 낮은 포복으로 기면서 우리는 하늘을 향해 묻는다. "어떻게 해야 할까요?"

"악한 사람에게 맞서지 말아라. 누가 네 오른쪽 뺨을 치거든, 왼쪽 뺨마저 돌려대어라. 너를 걸어 고소하여 네 속옷을 가지려는 사람에게는, 겉옷까지도 내주어라. 누가 너더러 억지로 오 리를 가자고 하거든, 십 리를 같이 가주어라. 네게 달라는 사람에게는 주고, 네게 꾸려고 하는 사람을 물리치지 말아라"(마 5:39-42).

이게 대체 실현 가능한 요구인가? 조금만 손해를 입어도 화를 참지 못하는 우리인데. 작은 모욕에도 얼굴이 벌게지고 숨이 가빠지는 우리인데. "가인을 해친 벌이 일곱 갑절이면, 라멕을 해치는 벌은 일흔일곱 갑절이다"(창 4:24)라고 외쳤던 라멕의 피가 우리 속에 흐르고 있는데. 불가능하다. 우리는 이렇게 살 수 없다. 그렇다면 예수는 왜 불가능한 것을 명령하여 우리를 괴롭히는가? 우리의 도덕적, 정신적 무능을 상기시켜 무엇을 하자는 것인가? 차라리 미운 놈 미워하며 살라고 했더라면 좋았을 것을.

그런데 잠깐. 이 가르침은 어떠한 불의 앞에서도 참고 순응하라는 것인가? 아무런 정당성도 없는 요구와 힘 앞에서 저항의 몸짓조차 없이 굴종하라는 것인가? 그렇다면 그것은 주체의 포기이고 노예적 굴종이다. 굴욕은 잠깐이고 이익은 영원하다고? 지는 게 이기는 거라고? 천만의 말씀이다. 압도적인 힘 앞에서 넙죽 엎드린 자에게 남는 것은 모멸감과 자괴감뿐이다.

그렇다면 예수가 우리에게 기대하는 바는 무엇인가? 새로운 인간의 출현이다. 정신적 의미의 호모 에렉투스Homo Erectus, 눈에 보이는 것에 집착하고, 작은 성취에 기뻐하고 작은 상실에 상심하는 허약한 정신이 아니라 하늘에 뿌리를 내려 어떠한 세파에도 흔들리지 않는 자유인이 되라는 것이다. 허약한 몸으로 몇 번씩이나 설산을 넘나들면서 복음을 전한 인도의 성자 썬다 싱은 그 비결을 묻는 이에게 "산을 넘기 전에 정신의 키를 산보다 높이면 산을 넘을 수 있다"고 했다. 폭력의 산을 넘으려면 폭력을 행사하는 이들보다 더 정신의 키가 높아지지 않으면 안 된다.

예수의 말씀은 현실 속에서 자행되는 직접적이고도 구체적인 폭력 자체를 용인하라는 말이 아니다. 그것에 대해서 때로는 거부하고 저항하고 눈보라처럼 휘몰아치면서 정의를 요구해야 한다. 폭력과 억압에 대해서 '나는 반대한다'고 외쳐야 한다. 하지만 그 반대가 폭력을 행사하는 이들을 배제하는 것이어서는 안 된다. 배제하고 미워하기는 쉽다. 그러나 포용하고 사랑하면서 싸우기는 쉽지 않다. 예수는 우리에게 사랑하면서 싸우라고 요구하신다.

평화의 힘을 믿는 사람

힘이 필요하다. 세상의 어떤 힘에 짓눌려도 짜부라지지 않는 정신의 힘을 가진 사람, 소멸에 대한 두려움을 여읜 사람이라야 사랑을 무기로 싸울 수 있다. 내면에 영적인 명랑함과 가벼움을 가진 사람, 철저한 낙관주의자라야 쇠항아리 같은 힘의 질서를 뛰어넘을 수 있다. 낙관의 근거는 우리가 아니다. 자기를 믿는 사람은 실망하게 마련이다. 하지만 자유의 길로 역사의 수레를 밀어 올리시는 하나님, 결코 지칠 줄 모르는 하나님을 믿는 사람은 실망하지 않는다. 물론 믿는 사람도 절망할 때가 있다. 하지만 그는 지쳐 넘어졌던 그 자리에서 몸을 일으켜 영적 비상을 준비한다. 믿음의 사람은 진리의 탐구자이고, 그가 걸어간 길은 완만하지만 분명한 상승의 길이다.

이 땅의 현실에서 몸을 일으켜 세운 호모 에렉투스, 즉 새로운 존재는 개별적 자아의 속박에서 벗어나 시간 속에 살고 있는 모든 존재의 근원적인 아픔을 본다. 힘과 폭력의 가면 뒤에 숨어든 허약한 정신, 전체와의 관계를 잃고 표류하는 경박한 정신을 본다. 그리고 그에게 연민을 느낀다. 그래서 그는 오 리를 가자는 자에게 십 리를 가준다. 속옷을 빼앗으려는 자에게 겉옷까지 벗어준다. 두려워서가 아니다. 허약한 정신을 비웃기 위해서도 아니다. 그의 얼을 살리기 위해서이다. 진정한 자유는 소유나 힘에 있지 않음을 가르쳐주기 위해서이다.

마르틴 루터 킹 목사가 노벨 평화상을 받으면서 한 연설은 오른 뺨을 치는 자에게 왼쪽 뺨마저 돌려대라는 예수의 가르침이 어떻게 혁명의 무기가 될 수 있는지를 보여준다.

지금 지구상에는 박격포가 터지고 총탄이 날아다니지만 밝은 미래에 대한 희망이 있습니다. 우리나라의 거리에서 부상당한 채 뒹굴고 있는 정의는 언젠가는 더러운 치욕의 먼지를 털고 일어나 최고의 자리에 오를 것입니다. 언젠가는 전 세계 민족들이 신체를 위하여 세 끼 식사를 하고 정신을 위하여 교육과 문화를 향유하며 영혼을 위하여 인간적 존엄과 평등과 자유를 누릴 수 있는 날이 올 것입니다. 언젠가는 타인 중심적인 사람들이 자기중심적인 사람들에 의해 찢겨진 대의를 바로 잡을 것입니다. 언젠가는 인류가 신의 제단 앞에 엎드려서 전쟁과 유혈을 뛰어넘어 승리를 거둘 것이며 비폭력적인 호의가 이 세계를 지배하는 법칙이 될 것입니다. 우리는 언젠가는 승리할 것입니다. 이런 믿음이 있기 때문에 우리는 미래의 불확실성에 당당히 맞설 용기를 가질 수 있습니다. 이런 믿음은 자유의 도시를 향하여 줄달음치다 지친 우리의 발에 새로운 힘을 줄 것입니다.

 이런 못 말리는 믿음을 가진 자만이 불의에 단호히 저항할 수 있다. '언제'가 언제일는지는 모르지만, 인간성의 봄은 전쟁의 소문을 넘어 절망의 황사바람을 뚫고 기어코 올 것이라 믿는 사람만이 예수 정신과 잇닿아 있는, 살아 있는 혼이다. 머리를 뒤덮은 쇠항아리를 찢고 또 찢고 마음의 구름을 말끔히 닦기 위해 애쓰는 사람, 그러면서도 미움과 폭력의 유혹에 넘어가지 않는 사람, 그 사람이 역사 속에 생명의 불꽃을 지피는 참 사람이다. 예수는 우리에게 큰사람이 되라고 초대하신다.

절대로 되받아치지 마라. 누가 너를 치거든, 그 자리에 서서 맞아라(마 5:39).

평화로 가는 길

2001년 미국의 무역센터 건물과 팬타곤을 강타한 테러 행위는 평화로운 세상을 꿈꾸는 우리 모두의 소망에 찬물을 끼얹었다. 미국 중심으로 재편된 세계 질서에 반감을 품은 이들이 많았다. 그리고 냉전 이후 초강대국으로 군림하게 된 미국의 고압적인 외교 자세가 세계인들의 분노를 일으켰다. 언젠가 극단적인 성향의 사람들이 미국을 상대로 국지적인 테러를 감행하리라고 예측하는 이들도 있었다. 하지만 9·11 테러는 우리의 상상을 훨씬 뛰어넘었다.

활기차게 아침을 맞이한 사람들이 업무를 시작하려던 바로 그때 그들은 영문도 모른 채 죽어갔다. 영국 〈가디언〉의 리포터 폴리 토인비Polly Toynbee는 영화 속에서만 보던 가상 현실이 눈앞에 펼쳐졌다면서 이렇게 덧붙였다. "화염에 휩싸인 채 무너져 내리는 쌍둥이 건물은 카드로 만든 것이 아니었고, 건물 밖으로 몸을 던진 사람들은 스턴트맨이 아니었고, 공포에 질려 터져 나온 단말마의 비명은 연기가 아니었다. 누가 이 광경을 눈물 없이 볼 수 있겠는가? 미국은 결코 이전과 같은 나라일 수 없을 것이다."

평화가 위협받고 있다. 미국은 보복을 감행했다. 폭력이 꼬리에 꼬리를 물고 있다. 9·11 테러 당시 부시 대통령은 테러리스트들은 물론이고 그들을 비호하는 세력에 대해서도 예고 없이 공격을 감행하겠다고 엄포를 놓았다. 광기가 이성을 누르는 사태가 벌어졌다. 라멕의 노래가 진군가처럼 울려 퍼졌다. "아다와 씰라는 내 말을 들어라. 라멕의 아내들은, 내가 말할 때에 귀를 기울여라. 나에게 상처를 입힌 남자를 내가 죽였다. 나를 상하게 한 젊은 남자를 내가 죽였다"(창 4:23).

많은 사람들이 미움과 적대감 속에서 죽어갔고 앞으로도 그럴 것이다. 이것은 결코 그리고 싶지 않은 지옥도이다. 무너진 건물의 잔해와 찢긴 시신 사이에서 사탄은 이를 드러내고 웃었을 것이다. 문득 예루살렘을 보며 우시던 예수의 모습이 떠오른다.

예수께서 예루살렘 가까이에 오셔서, 그 도시를 보시고, 눈물을 흘리시며, 이렇게 말씀하셨다. "오늘 네가 평화의 길을 알았더라면 얼마나 좋았겠느냐! 그러나 지금 너는 그 길을 보지 못하는구나"(눅 19:41-42).

또 바벨론의 침공으로 만신창이가 된 예루살렘을 보면서 예레미야가 불렀던 애가가 또렷하게 들려온다.

길 가는 모든 나그네들이여, 이 일이 그대들과는 관계가 없는가? 주께서 분노하신 날에 내리신 이 슬픔, 내가 겪은 이러한 슬픔이, 어디에 또 있단 말인가(애 1:12).

사람의 죄가 온 누리에 가득 차고 그 마음에 생각하는 모든 계획이 항상 악한 것을 보시고 하나님은 "땅 위에 사람 지으셨음을 후회하시며 마음 아파하셨다"(창 6:6)는 구절도 아프게 상기된다.

비저항의 힘

이와 같은 때에 우리는 바람과 바다를 꾸짖어 풍랑을 잠잠케 하셨던 예수를 바라본다. 스스로 '길'이라 하신 예수에게 이 곤경을 벗어날 길이 있겠는지 여쭙는다. 그분은 답하신다.

'눈은 눈으로, 이는 이로 갚아라' 하고 이른 것을, 너희가 들었다. 그러나 나는 너희에게 말한다. 악한 사람에게 맞서지 말아라. 누가 네 오른쪽 뺨을 치거든, 왼쪽 뺨마저 돌려대어라. 너를 걸어 고소하여 네 속옷을 가지려는 사람에게는, 겉옷까지도 내주어라. 누가 너더러 억지로 오 리를 가자고 하거든, 십 리를 같이 가주어라. 네게 달라는 사람에게는 주고, 네게 꾸려고 하는 사람을 물리치지 말아라(마 5:38-42).

옳은 말씀인 줄은 안다. 이게 평화의 길이니까. 하지만 너무 한가로운 말씀 같아 자꾸만 반발심이 생긴다. 우리가 목도하고 있는 명백한 폭력 앞에서도 침묵하고, 한 술 더 떠서 그들을 선대하는 것이 정말 평화의 길이냐는 의문이 떠나지 않기 때문이다. 오해하지 말아야 한다. 예수는 우리에게 노예적인 굴종을 요구하시는 것이 아니다. 명백한 불의와 폭력을 보면서도 약하기 때문에 저항하지 못하는 것은 어떤 의미에서는 죄이다. 이런 침묵은 죄에 대한 묵인이며, 웃음 띤 얼굴로 그들을 바라보는 것은 구차한 생존을 위한 굴종이다. 그리고 악을 행하는 자들은 우리의 비저항을 통해 아무것도 얻을 수 없다. 불의에 대해 '아니오'라고 말할 수 있는 사람만이 진정한 비저항을 실천할 수 있다. 힘이 있어도 힘쓰기를 포기하고 자제하는 것이 사랑이다.

내 뺨을 때리는 자가 나보다 강한 사람이어서 분을 삼키며 다른 뺨을 돌려대거나, 부당하게 내 것을 빼앗아가려는 사람이 권세 있는 사람이기 때문에 내 몫을 순순히 내주는 것은 옳지 않다.

예수를 잡으러 온 자들을 보고 흥분한 제자들은 대제사장의 종의 귀를 베었다. 이때 예수는 제자들을 크게 꾸짖으시고 그 종의 귀를 어루만져 고쳐주셨다(눅 22:51). 십자가에 달리셨을 때, 조롱하는 무리들을 내려다보면서 그들을 용서해 달라고 기도하셨다. 이런 예수를 보며 십자가 밑에 서 있던 백부장은 말했다. "참으로, 이 사람은 의로운 사람이었다"(눅 23:47).

우리 속에 있는 어둠

세상은 참 요란하다. 이해와 이해가, 성격과 성격이, 인종과 인종이, 민족과 민족이, 신앙과 신앙이 서로 부딪는 소리로 정신없다. 평화의 길은 아득하기만 하다. 그래도 평화의 길은 있다. 사회 시스템을 바꾸고, 국제적인 규약을 새롭게 하는 것은 부차적인 문제이다. 세계관이 새로워져야 한다. 근원적인 폭력이 내 속에 있음을 직시하고, 그 어둠을 문제 삼기 시작할 때 우리는 평화의 길에 들어서게 될 것이다.

폭력이 무엇인가? 나의 의지나 생각을 물리적·정신적 강제를 통해 다른 이에게 주입하거나 관철시키는 것이 아닌가. 폭력은 '힘'에 기대고 있다. '칼'만 손에 쥐어주면 무엇이든 찔러보고, 완장을 둘러주면 무력한 사람에게 소리라도 한 번 지르는…. 세상 사람들은 이 질서를 당연시한다. 하지만 예수는 이런 질서를 전복시키신다. 힘 있는 사람은 그 힘으로 다른 이를 섬기라고, '힘' 대신 '사랑'을 우리 삶의 근본 원리로 삼으라고 말씀하신다.

하지만 쉽지 않다. 힘은 대단한 매력을 갖고 있다. 그래서 사람들은 힘을 얻기 위해 최선을 다한다. 그림 같은 근육을 만들어 다른 이에게 과시하고 싶어 안달이다. '스펙' 쌓기에 혈안이 된 것도, 줄을 잘 서려는 것도, 각종 모임에 충성을 다하는 것도 힘을 얻으려는 몸부림이다. 하지만 힘의 논리를 따라 살면 결국 우리 속에 있는 어둠을 키우게 될 뿐이다. 이미 오래된 일이지만 학원 사회의 '왕따 현상'은 힘의 논리에 지배되고 있는 사회의 단면을 보여준다. 가장 약한 사람을 골라 괴롭히는 데서 쾌감을 느끼다니, 영혼이 얼마나 심하게 뒤틀려 있기에 그런단 말인가.

평화 연습

우리 속에 있는 폭력의 욕구에 굴복하지 않기 위해서 우리가 할 수 있는 일이 있을까? 두 가지 실천을 권하고 싶다.

첫째, 음습한 욕망이나 부정적인 생각까지도 하나님의 은총 아래 내놓으라. 우리가 주께 바쳐야 할 것은 자랑스러운 일만이 아니다. 부끄러운 생각, 수치스러운 마음의 경향까지도 주님께 내놓아야 한다. 누군가에 대한 미움, 분노, 멸시의 감정, 시기와 질투…. 이런 것이 내면에 자리한다는 사실을 인정하고 싶어 하지 않는 우리이다. 하지만 병원에 간 환자가 의사에게 자기의 증상을 다 알려야 하듯이 주님께 우리의 부끄러운 모습을 보여드리는 데서 영혼의 치유가 시작된다. 적나라한 내 모습에 눈감지 않을 때, 부정적인 감정은 우리를 지배하지 못한다. 주님이 벗어날 힘을 주시기 때문이다.

둘째, 다른 이들과 함께 사는 법을 익히기 위해 손해 보기를 연습하자. 세상 싸움의 대부분은 손해 보지 않으려는 데서 비롯된다. 손해 보지 않으려 악다구니를 쓸 때, 이해가 충돌하고 자존심이 맞붙는다. 다른 이들의 행복을 위해서 나의 욕망을 덜어내는 작업은 해도 해도 넘치지 않는다. 남들을 위해 늘 손해 보는 일이 무리가 된다면, 우선 덜 이기적이 되려고 애를 써보는 걸로 시작해보자. 여기에서 자기 욕망과의 싸움이 시작된다.

독점욕은 평화의 적이다. 남의 살 권리를 인정하지 않는 독선과 오만이 우리 속에 어둠을 키운다. 빈곤과 질병으로 죽어가는 사람들은 자기들의 몫까지도 가로채 누리는 사람들을 미워하게 마련이다. 저들의 원망과 한숨이 세상을 어둡게 만든다. '평화平和'는 '밥을 골고루 나누는 데서 비롯'된다. 예전에 신문을 보면서 화가 났던 기억이 있다. 한국에 주둔하고 있는 미군들은 한국군의 1/20밖에 안 되지만, 그들이 사용하는 전기량은 한국군의 75퍼센트에 달하고, 전기료는 절반 밖에 내지 않는다는 기사였다. 이 통계는 미국식 생활방식을 단적으로 보여주는 예이다. '팍스 아메리카나'는 허구일 뿐이다.

무차별한 테러에 대해서는 단호하게 대응해야겠지만, 진정한 평화의 길을 가로막고 있는 미국식 삶의 방식은 청산되었으면 좋겠다. 수많은 무고한 생명들이 흘린 피가 겨우 미국의 전쟁 영웅들을 만들어내는 것에 그쳐서야 되겠는가.

우리 속에 있는 어둠을 인정하고, 남들의 살 권리를 진심으로 존중할 때 우리는 예수께서 앞서 걸어가신 평화의 길을 걷게 될 것이다. 길이란 처음부터 있는 것이 아니라 여럿이 걸어감으로 생기는 것이라 한다. 우리는 평화 없는 세상에서 평화의 길을 택한 사람들이다. 우리 주변을 평화로 밝히려면 우리가 먼저 평화의 사람이 되어야 한다. 우리 삶을 통해 밝히는 작은 평화의 촛불이 길 잃은 사람들의 희망이 된다면 얼마나 행복할까?

'눈에는 눈, 이에는 이'라는 말이 있다. 그렇게 해서 문제가 해결되겠느냐? 내가 하고 싶은 말은 이것이다. 절대로 되받아치지 마라. 누가 너를 치거든, 그 자리에 서서 맞아라. 누가 너를 법정으로 끌고 가서 네 셔츠를 달라고 소송하거든, 네 가장 좋은 외투까지 잘 포장해 선물로 주어라. 그리고 누가 너를 억울하게 이용하거든, 종의 삶을 연습하는 기회로 삼아라. 똑같이 갚아주는 것은 이제 그만 하여라. 너그럽게 살아라(마 5:38-42).

온전함을 향해 가다

미국이 이라크를 상대로 벌인 물리적인 전쟁이 끝난 후에도 더 야비하고 위험한 전쟁은 한동안 지속되었다. 전후 복구 사업에 동참하여 정치적·경제적 이권을 선점하려는 국제사회의 냉엄한 이해관계가 그 땅에 사는 사람들로 하여금 고통의 눈물을 삼키게 한 것이다. 이 더러운 전쟁으로부터 비켜 서 있는 사람은 아무도 없다. 모두가 가해자이고 피해자이다. 우리는 이성과 신앙의 이름으로 결박해놓았던 사람의 야수적 본질을 외면할 수 없게 되었다. 사람들은 하나님의 정의는 어디 있냐고 묻는다. 어떤 이들은 절박하게, 또 어떤 이들은 막연한 아픔과 분노로. 전쟁을 기획하고 명령하고 수행한 자들은 '해방과 자유를 위해서'라고 말하지만, 그들의 속말은, 힘이 정의이지 인간의 존엄성에 근거한 달콤한 희망 따위는 없다고 말한다. 하지만 봄은 우리에게 희망은 죽지 않는다고 말한다. 그 외침은 탐욕의 광풍 아래서 꺼질 듯 미약해 보이지만 결코 스러지지 않는다.

교회 마당가 살피꽃밭에 원추리를 옮겨 심던 집사님이 흥분한 목소리로 나를 찾는다. 나와 보라는 것이다. 웬일인가 싶어 따라가 보니 놀라운 광경이 보였다. 원추리를 심으려고 파놓은 구덩이 속 30센티미터 깊이에 노란 새싹이 피어나고 있었다. 지난 늦가을 교회 담장을 헐면서 인부들의 거친 삽질에 흔적도 없이 사라진 줄 알았던 상사화相思花가 그 깊은 곳에서 되살아나고 있었던 것이다. 꽃에 대한 그리움 때문인지, 생명의 본성 덕인지 나는 모른다. 하지만 상사화는 그렇게 봄을 맞이하고 있었던 것이다. 나는 그 끈질긴 생명의 기적 앞에 넋이 나간 채 '야!' 소리만 연발하며 서 있었다. 그 미약한 새싹은 작은 아픔에도 신음을 높이고, 작은 좌절 앞에서도 하늘이 무너진 듯 상심하는 내 연약함을 슬며시 비추며 그곳에 있었다. 끝끝내 희망을 버리지 않으려는 이에게만 희망이 있다.

공존의 미학

바벨탑은 무너지게 마련이다. 왜? 바벨탑이기 때문이다. 대답이 충분치 않은가? 그렇다면 달리 말하자. 하나님이 살아 계시니까. 사람들의 다양한 소리를 억누르고 다양한 삶의 방식을 획일적으로, 강권적으로 통일시키려는 시도는 하나님의 마음에 들지 않는다. 하나님이 만드신 세상은 참으로 조화롭다.

숲에 들어 잠시라도 마음을 내려놓고 자연의 리듬을 타 보라. 모든 것이 있어야 할 자리에 있으면서 어울릴 줄 안다. 거대한 바위도, 나무도 양지바른 곳에 피어나는 노랑제비꽃이나 개별꽃의 권리를 제한하지 않는다. 어울려 살아갈 줄 모르는 것은 어쩌면 동물세계, 특히 인간세계의 특징인지 모르겠다. 왜 이 지경이 되고 말았는가? 인간이 암 덩어리가 되었기 때문이다. 암은 자기 세포의 무한 증식을 시도한다지 않던가? 암은 우리 몸과 마음속에 깃든 부조화의 포자이다. 바울은 '탐심은 우상 숭배'(골 3:5)라 했다. 그렇다면 바른 신앙이란 탐심을 여의는 것에서 시작된다. 그리고 탐심을 여의는 것은 다른 존재의 살 권리를 인정하는 데서 비롯된다. 태백 예수원에 머무는 한 자매의 말은 우리에게 시사하는 바가 많다.

한 사람이 일방적으로 영향력을 행사하면서 살 수는 없는 것 같습니다. 어울려 살다보면 상대방이 나를 비춰보는 거울로 여겨집니다. 상대방의 허물은 그 사람만의 것이 아니라는 깨달음이 생깁니다. 나의 연약함을 상대방의 온전함으로 덮고, 그의 연약함을 나의 온전함으로 덮는다고나 할까요.

물론 상대방은 우리 삶을 비춰보는 성찰의 거울로서만 존재하는 것은 아니다. 그는 우리의 존재 깊숙이 들어와 나의 일부를 형성하고 있다. 그렇기에 그의 건강과 나의 건강은 밀접히 연결되어 있다. 하지만 우리는 또 다른 '나'인 '타인'들을 무차별적인 범주 속에 가둬버리곤 한다. 그 이유는 단지 편리하기 때문이다. 그러한 무차별적 뭉뚱그림은 다양하게 변주되어 우리 삶 속에 파고든다. 때로는 십자군적인 선교의 열정으로, 때로는 맹목적 애국주의로, 때로는 악마적인 인종주의의 형태로 말이다. 이런 변주를 가능케 하는 것은, 자신은 '선'이고 타인은 '악'이라는 자기 기만적 판단이다. 하지만 세상은 선과 악이 뒤엉켜 있다. 나의 자유가 남에게는 폭력이 될 수도 있다. 나의 선이 다른 이에게 악이 되는 경우가 많다. 세상의 이치가 그렇다. 어부는 고기를 많이 잡게 해달라고 기도하고, 고기는 그물에 걸리지 않게 해달라고 기도할 것이 아닌가. 악이 없는 선이 없고, 선이 없는 악도 없다. 어쩌면 노아의 방주에도 선과 악이 짝을 이뤄 들어갔는지도 모르겠다. 그렇기에 어느 누구도 남에게 '악' 혹은 '악의 축'이라는 꼬리표를 붙일 수 없다. 어느 누구도 마음에 들지 않는다고 하여 남을 멸절시킬 수 있는 권한을 받은 바 없다.

탈근대 시대를 살아가면서 우리가 잃어버린 가장 소중한 것은 전체와의 관련성이 아닌가 싶다. 지금도 연세 드신 어르신 가운데에는 '비가 오시네'라고 말하는 분들이 적지 않다. 자연과학자들이 비가 오는 현상을 뭐라 설명하든 상관없다. 농사철에 내리는 비는 고마운 하늘의 선물인 것이다. 우리가 이기심을 내려놓고 전체와의 관련 속에서 자기를 돌아보면 세상에 대해 내리는 우리의 주관적인 평가는 아주 터무니없는 것일 때가 많다.

예레미야는 "만물보다 더 거짓되고 아주 썩은 것이 사람의 마음"(렘 17:9)이라 했다. 나지막한 야산에라도 오르면 세상을 조망하는 우리의 시선이 사뭇 달라짐을 느낀다. '나'라고 하는 것이 얼마나 허구적 실체인지를 보게 되기 때문이다. 믿음이란 결국 이런 먼 빛의 시선을 획득하는 것, 다시 말해 전체에 대한 통찰을 회복하는 것이 아닌가 싶다. 그렇다면 믿는 사람이란 거미줄처럼 자기를 사로잡고 있던 '나'로부터 해방되어 다른 이들과 조화롭게 공존할 줄 아는 사람이라 해야 할 것이다.

그도 내 것이다

예수는 편협한 마음들을 향해 말씀하신다. "아버지께서는 악한 사람에게나 선한 사람에게나 똑같이 해를 떠오르게 하시고, 의로운 사람에게나 불의한 사람에게나 똑같이 비를 내려주신다"(마 5:45). 스스로 선하다고 생각하는 사람들은 외면하고 싶은 말씀이겠지만 어쩔 수 없다. 하나님은 두남두지 않으신다. 이것은 혁명적인 선언이다. 동류들에게는 관대하지만 원수에게는 몇 배의 보복을 안겨주어야 시원한 우리에게 이 말씀은 매우 불편하다. 하나님이 내 편이라고 믿고 싶은 사람들에게 하나님은 '너는 내 것'(사 43:1)이라고만 말씀하신다. 그런데 주님의 말씀은 이어진다. '그도 내 것'이라는 것이다. "나에게는 이 우리에 속하지 않은 다른 양들이 있다"(요 10:16).

선과 악은 자기 편의에 따라, 입장에 따라 자의적으로 가를 수 없다. 선악의 판단은 우리에게 살라는 명령을 내리신 그분의 일이다. 우리가 해야 할 일은 전체와의 관계를 놓치지 않는 것이다. 꽃은 선인과 악인을 가려 향기를 발하지 않는다. 《성 프란치스꼬의 잔 꽃송이》라는 책에서 프란체스코는 몬테카살레의 수도원장인 안젤로가 음식을 나눠달라고 찾아온 악명 높은 3인조 강도를 엄히 꾸짖어 돌려보냈다는 말을 듣고 오히려 안젤로를 꾸짖는다. 예수 그리스도께서도 죄인들을 불러 회개시키러 오지 않으셨느냐는 것이다. 그러면서 그에게 이렇게 지시했다.

거룩한 순명의 이름으로 명하니, 즉시 내가 구걸해 온 이 빵 주머니와 포도주 병을 가지고 산을 넘고 어디든지 그들을 만날 때까지 빨리 쫓아가서 내 이름으로 이 빵과 포도주를 그들에게 전부 주십시오. 그 다음에 그들 앞에 무릎을 꿇어 형제의 냉정함을 겸손히 사과하십시오. 그 사람들한테 이제는 나쁜 일을 하지 말고, 하나님을 두려워하며 이웃 사람을 괴롭히지 말도록 내 이름으로 부탁하십시오. 만약 그들이 그러겠다면 나는 그들의 육신을 위해 염려하고 언제든지 먹을 것을 주기로 약속하겠습니다. 이렇게 다 말해준 다음에야 돌아오십시오.

안젤로는 이 말에 순종했고 결국은 그들을 형제로 맞아들일 수 있었다. 악인 앞에서도 무릎을 꿇는 까닭은 그의 영혼을 하나님께 바치기 위함이다. 자기로부터 해방된 사람이 아니고는 이런 일을 할 수 없다. 이런 큰마음과 만났을 때 그 3인조 강도의 굳은 마음에는 균열이 생기기 시작했다. 세상을 변화시키는 힘은 사랑이다. 사랑이 전제되지 않은 바름이 으레 또 다른 갈등의 시작임을 우리는 잘 안다.

"그러므로 하늘에 계신 너희 아버지의 온전하심과 같이 너희도 온전하라"(마 5:48). 예수는 우리에게 '온전함'을 요구하신다. 여기서 온전함이란 도덕적 완전함을 뜻하지 않는다. 만일 그렇다면 아무도 이 목표에 이를 수 없다. 본래 이 말은 어떤 궁극적인 목표에 도달한다는 뜻이다. 말이 우습기는 하지만 도둑의 온전함도 있고 의사의 온전함도 있다. 신기에 가까운 기술을 터득한 도둑이나, 귀신같이 병을 잘 고치는 의사도 그 분야에 있어서는 온전함에 이르렀다 할 수 있다. 하지만 여기서 예수가 가리키는 온전함의 모델은 하나님이시다. 하나님의 온전함은 자비하심으로 표현된다. 하나님의 품은 커서 그 안에 품지 못할 사람이 하나도 없다. 하나님의 팔은 길어서 감싸 안지 못할 이가 하나도 없다.

우리는 하나님의 온전하심을 닮아가야 한다. 그러기 위해서는 우리 목에 걸린 선악과를 뱉어내야 한다. 남과 우리를 가르기 위해 준비해둔 모든 척도들을 배설물처럼 버려야 한다. 학벌로, 지역으로, 혈연으로, 인종으로, 종교로, 힘의 크기로, 성별로 너와 나를 가르도록 부추기는 뱀의 속삭임에 귀를 기울이지 말아야 한다. 마음으로는 폭력을 꾀하고 남을 해칠 말만 하는(잠 24:2) 이들 때문에 낙심할 것 없다. 우리는 원망하고 투덜거리라고 부름 받은 것이 아니라, 온전한 삶을 살라고 부름 받았다. 놀랍지 않은가?

너희는 천국 백성이다. 그러니 천국 백성답게 살아라. 하나님이 주신 너희 신분에 합당하게 살아라. 하나님께서 너희에게 하시는 것처럼, 너희도 다른 사람들을 대할 때 너그럽고 인자하게 살아라(마 5:48).

멀지만 가야 할 길

눈빛이 맑은 젊은이들 몇이 이야기를 듣고 싶다며 찾아왔다. 매우 분주한 날이었지만 이야기를 들으려는 그 열정을 내칠 수가 없어서 예정 시간보다 더 길게 이야기를 나누었다. 대화가 끝나갈 즈음 대학을 졸업하고 전국노점상연합회에서 일을 한다는 젊은이가 내게 물었다. "목사님께서 생각하시는 평화는 무엇입니까?" 나는 어렵지 않게 대답할 수 있었다. "평화란 '이것이다'라고 할 때, '이것'에 해당하는 것들은 참 많지요. 전쟁이 없는 상태일 수도 있고, 억눌림이 없고 건강하고 물질적으로도 궁핍함이 없고 근심과 걱정이 없는 상태일 수도 있겠지요. 하지만 분명히 말할 수 있는 것은 평화의 시작은 밥을 나누어 먹는 것이라고 생각해요. 이 말은 남의 배고픈 사정을 헤아리고 그를 위해 밥을 덜어내는 것이 평화의 길이라는 말이지요." 그는 고개를 끄덕이며 경청했다.

올해는 한국전쟁 60주년이 되는 해이다. 분단의 세월은 오래전에 회갑을 넘겼고 이제는 진갑이 돌아오는데 아직도 한반도에서 평화의 길은 요원하다. 핵무기 철폐를 둘러싼 공방이 지루하게 이어지고 있다. 물론 개성공단을 비롯해서 남북 경제교류는 물론 문화인들의 교류가 활발해져 좋은 기류가 형성되던 때도 있었다. 비료를 공급하고 식량을 지원하는 것도 아주 소중한 일이다. 하지만 무엇보다도 서로에 대한 적대감을 극복하고 잃어버린 신뢰를 되찾는 일이 시급하다. 평화로운 통일을 이루기 위해서는 새로운 존재가 출현해야 한다. 이데올로기나 이해관계에 따라 움직이는 사람 말고, 주님의 마음으로 사람을 대하는 이들만이 그 길의 초석이 될 수 있다.

긍휼히 여기는 마음

예수는 분명 평화주의자pacifist이시다. 그렇다고 예수가 무골호인이라는 말은 아니다. 주님은 헤롯 안티파스의 위협이 가중될 때 그를 '그 여우'라고 부르셨고, 강도의 굴혈이 되어버린 성전 마당을 뒤집어엎으셨다. 바리새인들과 서기관의 위선을 꾸짖으실 때에는 지나치다 싶을 정도로 엄격하셨다. 그런데도 예수가 평화주의자라고 말할 수 있는 것은 그런 분노와 꾸짖음의 바탕에 그들을 긍휼히 여기는 마음을 가지고 계셨기 때문이다. 예수는 불의에 눈을 감거나 타협하지 않으신다. 불의의 가면을 벗기시지만 폭력적인 대응은 삼가셨다.

주님은 우리에게도 원수까지 사랑하라고 요구하신다. 원수를 '좋아하라like'고 하지 않으시고 '사랑하라love' 하신 것이 참 다행이라 생각한다. 좋고 싫음은 거의 본능적이고 즉각적인 반응이지만 사랑은 의지적인 노력을 포함하니 개선의 여지가 있다. 섣불리 사랑하려고 하다가는 스스로 상처 입기 쉽다. 우리가 먼저 해야 할 일은 박해하는 사람을 위하여 기도하는 것이다.

따지고 보면 그들도 불쌍한 사람들이다. 홍세화의 《악역을 맡은 자의 슬픔》이라는 책에서도 지적했듯이 각자 자신에게 주어진 역할을 감당하며 사는 것뿐이다. 그렇게 보면 바로나 느부갓네살이나 빌라도나 다 가련하고 불쌍한 인생들이다. 우리는 그런 이들이 비인간의 자리로 추락하지 않게 해달라고 기도해야 한다. 힘과 폭력을 가지고 다른 이를 억압하는 이들을 위해 기도하는 순간, 우리는 두려움과 분노의 감정으로부터 해방된다.

우리가 하나님 안에 있을 때만 '악역을 맡은 자들'을 위해 기도할 수 있다. 성경이 보여주는 하나님의 가장 중요한 특성은 '긍휼compassion'이다. 이 말은 '함께'를 뜻하는 'com'과 '고통받는다'는 뜻의 'passion'이 결합된 단어이다.

하나님은 무정한 분이 아니시다. 세상을 만들어놓고 저 먼 곳에서 지켜보기만 하는 분이 아니라는 말이다. 하나님은 우리의 삶에 연루되기를 꺼리지 않으신다. 히브리어로 '긍휼rahum'은 '자궁rehem'과 어원이 같다. 자궁은 여성에게 있어서 가장 깊은 감정의 자리이다. 솔로몬의 재판 이야기에서 이 사실이 잘 나타난다. 아이를 둘로 갈라 두 여인에게 공평하게 나누어주라는 판결이 내려졌을 때 진짜 엄마는 "자기 아들에 대한 모성애가 불타올라"(왕상 3:26) 아이를 죽이지 말고 차라리 저 여자에게 넘겨주라고 말한다. 이때 '모성애가 불타올라'로 번역된 구절은 '그녀의 자궁이 꿈틀하여'로 번역할 수도 있다. 애굽의 총리대신이 된 요셉이 꿈에도 그리던 친동생 베냐민을 보자 "마구 치밀어 오르는 형제의 정을 누르지 못하여"(창 43:30) 급히 울 곳을 찾았다고 하지 않던가. 여기서 '마구 치밀어 오르는 형제의 정'도 역시 같은 단어를 사용한다. 예레미야는 자기 백성을 사랑하는 하나님의 마음을 이렇게 표현하였다.

> 에브라임은 나의 귀한 아들이다. 내가 가장 사랑하는 자식이다. 그를 책망할 때마다 더욱 생각나서, 측은한 마음이 들어 불쌍히 여기지 않을 수 없었다. 나 주의 말이다(렘 31:20).

고통받는 이들을 볼 때마다 하나님의 가장 깊은 곳이 떨린다(God's womb trembles). 그렇기에 하나님은 부당한 대접을 받는 사람들의 편에 서서 정의를 세우려 하신다. 하나님의 긍휼은 정의로써 사회에 표현된다. 토라와 예언서를 꿰뚫고 있는 것은 불의에 대한 고발과 약자들에 대한 연민이다. 그러므로 하나님을 믿는다는 것은 하나님의 눈으로 세상을 보고, 하나님의 손과 발이 되어 정의를 회복하는 일에 동참한다는 의미이다.

예수의 마음을 잃어버린 교회

주님은 기도를 가르치시면서 제자들에게 '하나님의 나라'를 구하라고 하시고 곧 이어 '일용할 양식'과 '빚에 대한 탕감'을 청하라고 하셨다. 이게 무슨 뜻이겠는가. '밥'과 '빚'의 문제야말로 하나님이 깊은 관심을 가지고 계신 일이라는 말이다. 여러 해 동안 비정규직으로 일했던 노동자가 회사로부터 계약 해지를 통보받고 자살을 시도했다는 기사는 이제 더 이상 큰 기삿거리가 아니다. 빚에 몰려 비싼 이자를 물어가며 대부업체에서 돈을 빌렸다가 파산에 이르는 사람들의 이야기는 이제 남의 일이 아니다. 주님은 자본이 자본을 낳는 이런 구조 속에서 신음하는 사람들에게 희망을 주기 원하신다. 하나님을 믿는 사람들은 이런 문제를 해결하기 위해 노력해야 한다. 세계교회협의회는 부자 나라에게 가난한 나라의 빚을 탕감해주라고 줄기차게 요구하고 있다. 이것이 하나님의 뜻이기 때문이다.

하지만 많은 교회들이 그런 문제는 교회가 해야 할 일이 아니라고 생각하는 듯하다. 교회는 영혼 구원에 집중해야 한다는 논리이다. 물론, 세상살이에 지친 이들을 위로하고 격려하고 그들을 구원의 길로 인도하는 것은 중요한 일이다. 강도 만난 사람을 돕는 선한 사마리아인은 꼭 필요하다. 하지만 또 다른 피해를 막기 위해서는 그 강도를 잡아야 하지 않는가. 궁극적으로는 그들이 강도로 전락할 수밖에 없도록 만든 사회체제를 바꿔야 한다. 기독교인은 자본의 논리를 내세우는 사회체제에 저항할 책임이 있다.

그런데 대부분의 교회들이 자본에 종속돼 있다. 목사들은 수단과 방법을 가리지 않고 자기 교회를 성장시키려 한다. 어찌되었든 하나님은 교회의 성장을 기뻐하실 것이라 확신하는 것일까? '꿩 잡는 게 매'라는 사고방식을 교회 운영에 들이미는 것일까? 자본을 축적한 교회가 주님의 일을 할 수 있을지 나는 확신할 수 없다. 어마어마하게 큰 교회당을 짓고, 많은 땅을 사서 기도원을 짓고, 묘지를 조성하고, 큰 차를 타고 다니고, 기득권의 편에 서서 말하고 행동하는 교회와 목회자는 주님의 이름으로 주님을 부인하고 있는 것은 아닌지 모르겠다. 백인 복음주의자들의 80퍼센트가 이라크 전쟁을 적극 지지했다는 통계를 보았다. 끔찍한 일이다. 전쟁은 가장 큰 사치요 낭비이다. 귀한 생명들이 속절없이 죽어가고, 천문학적인 액수의 전비가 들어가는 전쟁을 기독교인들이 정당화한다는 것은 있을 수 없는 일이다.

이제 세상 사람들은 노골적으로 기독교에 대한 반감을 드러낸다. 비기독교인들은 기독교인들을 비지성적이고 문자주의적이며 자기 의에 사로잡힌 편협한 사람들로 생각한다. 기독교의 핵심은 예수 그리스도이다. 예수 그리스도를 통해 우리에게 계시된 하나님이다. 예수의 마음을 잃어버린 기독교는 이미 기독교가 아니다. "악한 사람에게나 선한 사람에게나 똑같이 해를 떠오르게 하시고, 의로운 사람에게나 불의한 사람에게나 똑같이 비를 내려주시는" 하나님의 성품과 열정을 닮지 않는 기독교인이란 세모꼴 동그라미라는 말처럼 어불성설이다.

때를 가리는 지혜

"그리스도 예수께 속한 사람은 정욕과 욕망과 함께 자기의 육체를 십자가에 못 박았습니다"(갈 5:24). 그리스도인은 새로운 존재로서 성령의 인도하심을 따라 살아간다. 함석헌 선생은 '모든 인간은 대포알'이라고 말했다. 하나님이 혼을 불어넣으셔서 언제든 자극이 주어지면 크게 폭발할 잠재력을 가지고 있다는 뜻이다. 하지만 대개는 불발탄으로 끝난다. 뇌관에 물이 들어갔기 때문이다. 우리 속에 있는 뇌관과 화약을 보호하는 것이 도덕성인데, 양심이 흐려지면 하나님이 탁 치셔도 폭발하지 못하는 것이다. 세상의 불의를 보면서도 화낼 줄 모르고, 세상을 새롭게 하기 위해 나서지도 못한다면 우리는 불발탄이 분명하다.

하나님이 탁 쳐도 폭발하지 못한다는 것, 바로 이것이 타락한 실존의 모습이다. 얼마 전 세상을 떠난, 《강아지 똥》의 작가 권정생 선생은 이라크 전쟁에서 무고한 생명들이 속절

없이 죽어가는 모습을 텔레비전을 통해 보고, 밤이면 맥박수가 120회까지 오르고 열이 40도까지 올랐다 한다. 세상의 아픔 때문에 아파하시는 하나님의 마음을 고스란히 느꼈던 것이다. 경상북도 안동에 있는 허름한 집에서 가난한 한 작가가 온몸으로 아파하는 그 시간, 미국의 증권가인 월 스트리트에서는 환호성이 터져 나왔다. 전쟁 특수로 군수산업체의 주가가 급등했던 것이다. 우리는 그곳에서 악마가 된 문명의 얼굴을 보았다.

고통받는 이가 있는 곳에서 축배를 드는 것은 무례이다. 우리는 모두 평화를 원한다. 하지만 평화의 길은 멀기만 하다. 그래도 우리는 그 길을 기어코 택해야 한다. 우리가 처한 삶의 여건이 어떠하든 미움을 거절하고 하나님의 평화를 선언하는 이들을 통해 세상은 새로워질 것이다. 세상에 평화를 가져오는 새 사람은 어떤 모습을 하고 있을까? 반칠환 시인은 〈때 1〉이라는 시에서 이렇게 노래하였다.

무릎이 구부러지는 건
세상의 아름다운 걸 보았을 때
굽히며 경배하라는 것이고,
세상의 올곧지 못함을 보았을 때

솟구쳐 일어나라는 뜻이다

때를 가리지 못함이 무릇 몇 번이던가

  때를 가릴 줄 알아야 한다. 굽힐 때 굽히고, 솟구쳐 일어나야 할 때 일어날 줄 아는 이가 평화를 만든다. 하나님의 긍휼하심을 본받아 고통받는 이들과 피조세계를 보며 아파하고 하나님의 정의를 본받아 세상의 불의에 비폭력으로 저항하는 사람, 그가 바로 하나님의 자녀이다. 사랑할 수 없는 사람을 사랑하려고 노력하고, 사랑의 마음을 달라고 하나님께 청하는 사람, 하나님의 완전하심을 닮아가려고 늘 깨어 있는 사람, 이런 이가 하나님나라에 속한 사람이다.

너희는 옛 율법에 기록된 '친구를 사랑하라'는 말과, 기록에는 없지만 '원수를 미워하라'는 말을 잘 알고 있다. 나는 거기에 이의를 제기한다. 나는 너희에게 원수를 사랑하라고 말하겠다. 원수가 어떻게 하든지, 너희는 최선의 모습을 보여라. 누가 너희를 힘들게 하거든, 그 사람을 위해 기도하여라. 그러면 너희는 너희의 참된 자아, 하나님이 만드신 자아를 찾게 될 것이다. 하나님도 그렇게 하신다. 그분은 착한 사람이든 악한 사람이든 친절한 사람이든 비열한 사람이든 상관없이, 모두에게 가장 좋은 것, 해의 온기와 비의 양분을 주신다(마 5:43-48).

차별 없는 사랑

오래전 신문에서 오백 년 묵은 씨앗을 심어서 거두었다는 소담한 꽃들을 보면서 놀란 적이 있다. 아무리 세월이 지나가도 속알이 썩지 않으면 생명은 죽지 않는다는 것을 새삼스럽게 확인할 수 있었다. 한방에서는 씨앗의 알맹이를 가리켜 '仁(어질 인)'이라 한다. 그래서 살구씨 속알은 '杏仁행인'이고, 복숭아씨의 알맹이는 '桃仁도인'이다. '어질다'는 뜻의 '仁'이 '씨앗'으로도 쓰인다는 사실이 참 재미있다. 결국 생명의 근본, 알짬은 '사랑'이라는 말이 아닌가 싶다.

  사람은 '사랑' 속에 있을 때 진정한 사람이라 할 수 있다. 교회에 대해 살기등등했던 사울을 사람 되게 했던 것도 그리스도의 '참 사랑'이었다. 사도가 된 바울은 이렇게 고백한다. "믿음, 소망, 사랑, 이 세 가지는 항상 있을 것인데, 그 가운데서 으뜸은 사랑"(고전 13:13)이라고.

예수도 가장 큰 계명을 묻는 이들에게 하나님을 사랑하는 것이 첫째이고, 이웃을 사랑하는 것이 둘째라고 말씀하셨다(막 12:30-31). 다른 계명들은 사랑을 실천하는 데 필요한 부수적인 것들인 셈이다. 그렇다면 우리가 사람으로서 평생 해야 할 공부는 '사랑공부'라 해도 과언이 아니다.

감성적 사랑을 넘어

'사랑' 하면 떠오르는 존재, 어머니. 설명이 필요 없는 말이다. 가장 뜨거운 사랑을 하는 젊은 연인들, 이들은 사랑을 위해 어떤 위험도 불사할 각오가 되어 있다. 그러나 어머니의 사랑도 젊은이들의 사랑도 한계가 분명하다. 그 사랑은 내 자식, 내 애인에게 국한된다. 자기 자식을 위해서는 물과 불 속에 뛰어들 수 있는 어머니이지만, 남의 자식을 위해서 그러기는 쉽지 않다. 자기 애인을 위해서는 머리카락이라도 팔아 선물을 사줄 수 있지만 다른 사람에게는 그러지 못한다. 이런 사랑은 '자연발생적 사랑'이다. 매우 감성적인 사랑이다. 세상에 이런 사랑이 영원히 지속된다면 늘 화창한 봄날일 게다. 하지만 살다보면 꼴 보기 싫은 사람도 만나게 되고, 때론 원수를 맺기도 한다. 좋은 사람은 좋아하고 싫은 사람은 싫어하며 살면 얼마나 편하고 솔직한가. 어느 시인은 '미운 놈 미워하며 살라'고 외친다. 속이 다 후련해지는 느낌이다.

하지만 문제가 있다. 미운 놈 미워하다 보면 우리 마음속에 평화가 깃들 날이 없다. 내 속에 미움이 있는데 어떻게 평화로울 수 있을까? 미움은 우리 마음 한구석에 쌓여 우리 영혼을 압박한다. 그래서인지 예수는 우리에게 참 난감한 요청을 하신다. "너희 원수를 사랑하고, 너희를 박해하는 사람을 위하여 기도하여라"(마 5:44).

이 말씀은 점잖은 권고가 아니다. 스승이 제자에게 내리는 명령이다. 우리가 예수를 주님으로, 스승으로 모시려 한다면 이 도전을 피해갈 수 없다. 사랑은 감정과 느낌의 문제인데, 명령한다고 사랑할 수 있을까? 옛날 사람들은 부모의 명령에 따라 낯선 사람과 결혼하기도 했지만 부모의 명령에 따라 그 대상을 사랑한 것은 아니다. 낯선 사람도 사랑하기 어려운데 예수는 한술 더 떠서 원수를 사랑하라고 하신다. 그렇다면 여기서 사랑은 단순히 마음의 이끌림에서 일어나는 감정을 말하는 건 아니다. 원수를 사랑하기 위해서는 자기의 감정을 극복하지 않으면 안 된다. 의지로서 감정을 극복하려고 노력하는 가운데 우리는 자기 한계를 넘어서게 되는 것이다. 예수는 우리의 감정에 바탕을 둔, 즉 마음의 이끌림에 근거한 사랑의 한계를 명백히 지적하신다. "너희를 사랑하는 사람만 너희가 사랑하면, 무슨 상을 받겠느냐? 세리도 그만큼은 하지 않느냐? 또 너희가 너희 형제자매들에게만 인사를 하면서 지내면, 남보다 나을 것이 무엇이냐? 이방 사람들도 그만큼은 하지 않느냐?"(마 5:46-47).

우리가 예수의 제자라면 사랑의 지평을 넓혀야 한다. '내' 가족, '내' 애인, '우리' 교회, '우리' 학교, '우리' 고향 사람이니까 사랑하고, 그렇지 않으면 외면해버린다면 영적 미성숙을 만천하에 드러내는 것이나 마찬가지이다. "하나님은 사랑이시다"라고 우리는 고백한다. 그리고 그 사랑이 부디 나를 비껴가지 않기를 소원한다. 그런데 그 하나님이 '나'의 하나님이기도 하지만, 내 마음에 들지 않는 이의 하나님이기도 하다는 사실을 망각할 때가 많지 않은가. "아버지께서는, 악한 사람에게나 선한 사람에게나 똑같이 해를 떠오르게 하시고, 의로운 사람에게나 불의한 사람에게나 똑같이 비를 내려주신다"(마 5:45).

사랑의 씨앗을 뿌리는 사람

하나님의 사랑은 차별이 없다. 성 프란시스는, "만일 하나님의 인자하심을 그리라고 한다면, 지우개를 들고 계신 하나님의 모습을 그릴 것"이라고 말했다. 모든 죄가 지워질 것이라고 말이다. 우리는 누군가의 허물을 지우는 일에 인색하다. 그리고 미운 사람을 사랑하는 일은 피할 수 있을 때까지 피하고 본다. 하지만 내 마음에 들지 않는 사람을 사랑으로 받아들이고, 내게 해를 끼치는 사람을 위해 기도할 때 하나님은 기뻐하신다. 하나님이 우리의 불행을 원하신다는 말이 아니다. 사랑할 수 없는 사람을 사랑하려고 애쓰면서 우리는 새로운 존재로 비약한다. 사랑받을 자격이 없는데도 사랑을 받은 사람도 마찬가지이다. 성 프란시스의 말을 더 들어보자.

모든 인간들의 뱃속 깊은 곳에는 성스러운 고행자도 있고 무섭고 더러운 유충도 잠들어 있습니다. 몸을 굽히고 이 유충에게 '사랑합니다'라고 말하면, 그 유충은 날개가 돋아서 나비가 됩니다.

유충은 징그럽고 무섭습니다. 하지만 그것이 나비로 바뀌면 아름답습니다. 세상의 어떤 사람도 '나비'처럼 아름답게 변화될 수 있는 가능성을 품고 있습니다. 문제는 그에게 다가가 '사랑합니다'라고 진심으로 말해줌으로써 깨어나도록 하는 이가 없다는 것입니다. 예수님과 만난 사람은 유충의 단계를 지나 나비가 됩니다. 값없이 주시는 사랑이 우리를 그렇게 변화시켰습니다. 이제 우리는 만나는 모든 이들 속에 있는 '유충'들을 향해 사랑한다고 말해야 합니다. 우리는 그러한 사랑의 씨를 뿌리도록 초대받았기 때문입니다. 우리가 뿌린 사랑의 씨앗은 꽃을 피우지 않고 스러지는 법이 없습니다.

도스토옙스키의 《백치Idiot》라는 책에 이런 구절이 나온다.

모스크바에 '장군'으로 불리는 노인이 살았습니다. 그는 평생 유형지와 감옥을 돌아보며 살았습니다. 노인은 죄수들을 만날 때마다 그들 앞에 멈춰 서서 그들이 필요로 하는 게 무엇인지 물어보았습니다. 그러면서 그 누구에게도 훈시 따위는 거의 한 적이 없었습니다. 노인은 모든 죄수들을 '다정한 친구'라고 불렀습니다. 노인은 돈을 주기도 했고, 감옥 생활에 필요한 물건들을 가져다주기도 했습니다. 이따금은 성경도 가지고 갔습니다. 글을 깨우친 죄수들이 유형 길에 그 성경을 읽을 것이고, 또 글을 모르는 동료들에게도 읽어 줄 것이라는 확신 때문이었습니다. 죄수에게 무슨 죄를 지었느냐고 물어보는 경우는 드물었고, 죄수가 자기 죄에 관해 먼저 말을 꺼냈을 때만 들어주는 정도였습니다. 그는 죄수들을 친형제처럼 대했지만, 나중에 죄수들은 그를 아버지로 여기기 시작했습니다. 어린애를 안고 있는 여자 유형수가 눈에 띌 때면 다가가서 어린애를 어루만져주고, 그 어린애한테 웃어보라고 손가락을 딱딱 튀겨 보이기도 했습니다. 시베리아 유형지에는 어른들을 열둘이나 죽이고 여섯 명의 아이를 찔러 죽인 살인자가 있었습니다. 20년을 그곳에서 보낸 그는 어느 날 엉뚱하게도 한숨을 내쉬며 말했습니다. "지금도 그 장군 할아버지가 살아 있을까?" 그 이야기를 들려주는 사람은 묻습니다. "당신은 그 흉악범이 20년 동안 잊지 못했던 장군 할아버지가 그자의 영혼에 어떤 씨앗을 뿌려놓았는지 알겠어요?"

우리는 어떤 형태로든 세상에 씨앗을 뿌리고 있다. 그런데 영원히 변할 수 없는 진리는 우리가 뿌리는 대로 거두리라는 사실이다. 바울 사도는 "자기 육체에다 심는 사람은 육체에서 썩을 것을 거두고, 성령에다 심는 사람은 성령에게서 영생을 거둘 것"(갈 6:8)이라고 말했다. 우리가 다른 이에게 보여주는 다소의 친절과 사랑은 내가 기억조차 하지 못하는 것이라 해도 어딘가에서 형체를 입고 쑥쑥 자라고 있을 것이다.

  미국의 전 대통령 부시가 벌였던 소위 '테러와의 전쟁'을 두고 보수적인 언론은 그것이 부시의 기독교 신앙에 근거한 것이라고 보도했다. 하지만 선인과 악인을 갈라놓고, 선인이니까 사랑하고 악인이니까 미워하는 이분법적 논리는 기독교 사상과 일치하지 않는다. 하나님이 인류에게 선악과를 먹지 말라고 하신 이유는 힘 있는 이들의 독선을 경계하려는 것이었다. 힘이 정의가 된 세상에서 하나님은 눈물을 흘리고 계신다. 고통받는 인류, 상처투성이인 피조세계는 지금 하나님의 자녀들이 나타나기를 고대하고 있다. 오직 사랑으로 세상을 보듬어 안을 하나님의 사람들 말이다.

원수가 어떻게 하든지, 너희는 최선의 모습을 보여라. 누가 너희를 힘들게 하거든, 그 사람을 위해 기도하여라. 그러면 너희는 너희의 참된 자아, 하나님이 만드신 자아를 찾게 될 것이다. 하나님도 그렇게 하신다. 그분은 착한 사람이든 악한 사람이든 친절한 사람이든 비열한 사람이든 상관없이, 모두에게 가장 좋은 것, 해의 온기와 비의 양분을 주신다. 너희가 사랑할 만한 사람만 사랑하는 것이 고작이라면 상급을 바랄 수 있겠느냐? 그것은 누구나 하는 일이다. 너희가 만일 너희에게 인사하는 사람에게만 겨우 인사한다면, 상급을 바랄 수 있겠느냐? 그것은 죄인도 흔히 하는 일이다(마 5:43-48).

경건은 오늘을 가장 아름답게, 그리고 인간답게 살아가는 방식이다. 그리고 생이 다하는 날까지 향하여 달려갈 목표이기도 하다. 기왕 사람의 몸을 입고 태어났으면 사람값은 하며 살아야 하지 않을까? 내 삶은 세상의 누구도 대체할 수 없다. 우리는 공장에서 대량으로 찍어낸 규격화된 상품이 아니라 창조주 하나님이 창조하신 걸작품이다.

경 건 의 　 연 습

허영의 풍랑을 잠재우라

가끔 강연이나 설교 부탁을 받으면 제일 난처한 것이 강사의 경력을 알려달랄 때이다. 신학교를 나왔고 지금 청파교회 목사라고 하면, 다른 경력은 없냐고, 저서와 번역서는 뭐냐고 묻는다. 그것이 설교나 강연에 왜 꼭 필요한 것인지 알 수가 없다. 우리는 사람을 그 존재 자체로 이해하지 않고, 학력과 경력으로 평가하는 습성이 있다.

간혹 남의 이력서를 볼 일이 생긴다. 어떤 사람은 A4용지 몇 장이나 되는 분량으로 학력, 경력, 시상 기록은 물론이고 어디에 연수 여행을 갔던 것까지 세세히 기록되어 있다. 이런 이력서를 보면 갑자기 다리가 저려오는 것만 같다. 이력서에서 '리履'는 신발을 뜻하고 '력歷'은 지낸다는 뜻이니까,

이력서란 결국 그가 걸어온 흔적을 드러내는 것일 텐데….

물론 이력서에 나쁜 기록은 남기지 않는다. 실패의 경험이랄지, 부끄러운 기억은 말끔히 지우고 남들에게 알리고 싶은 밝은 면만을 돋보이게 한다. 자신의 능력과 존재를 인정받고 싶은 것은 모든 사람의 당연한 욕망일 것이다. 그런데 문제는 이 욕망에 너무 충실한 나머지 칭찬에는 덩실덩실 춤추고 칭찬이 없으면 지나치게 의기소침해진다는 데 있다. 정신적으로 채 성숙하지 못한 탓이다.

사람에게 보이려는 마음

이따금 우리는 스스로 생각해도 기특할 정도로 선행을 하곤 한다. 그런데 도움을 받은 사람이 감사를 표하지 않으면 우리 속에서 불편한 마음이 고개를 든다. '정말 고맙다'고 하면 '별 말씀을 다하신다'고 하겠는데, 그럴 기회조차 안 주는 사람에 대해 슬며시 미운 감정을 키워간다. 이때 우리는 상처입은 마음을 보상받기 위해 그이가 감사할 줄 모르더라며 누군가에게 험담하고, 그러면서 은근히 자기의 선행을 드러내기도 한다. 이때부터 우리의 선행에서 악취가 나기 시작한다.

예수는 가장 좋은 것이 때로는 고황지질(膏肓之疾, 병이 고황에 들어 생긴 낫기 어려운 병)이 될 수 있음을 꿰뚫어보셨다. 유대인들은 경건한 신앙인들이 꼭 해야 할 것으로 세 가지를 들었다. 자선과 기도와 금식이 그것이다. 기도와 금식은 하나님과의 관계를 바로 유지하기 위해 꼭 필요한 것이고, 자선은 이웃과의 관계를 바로 하기 위해 꼭 필요한 것이다. 그런데 경건의 덕목이 본래의 지향점을 잃고 자기 과시의 수단으로 변질될 때, 사람의 영혼은 병들게 마련이다. 사람들 들으라고 하는 기도, 남의 눈을 의식해서 하는 긴 기도는 경건에 도움이 되지 않는다. 금식도 마찬가지이다. 하나님 앞에 오롯이 집중해야 함에도 자기의 금식을 자랑하고 싶은 마음이 드는 순간 그의 금식은 고행으로 변질돼버린다. 헌금을 드리면서도 굳이 자기가 십의 오조를 바쳤음을 드러내고 싶어 하는 마음은 병든 마음이다.

예수는 그런 태도를 '사람에게 보이려고'라는 한 마디로 요약하셨다. 이 말은 보는 사람이 없으면 안 할 수도 있다는 말일 게다. 누가 보기 때문에 하는 일은 '즐거운 일 work'이 아니라 '소외된 노동 labour', 강요된 노동이다. 따라서 그는 자유인이 아니라 노예이다. 노예의 노동에는 기쁨이 없다. 시베리아에서 강제 노동을 경험했던 도스토옙스키는《죽음의 집의 기록 *Zapiski iz mertvogo doma*》이라는 책에서 강제 노동의 어려움은 그 고달픔과 끝없음 때문이 아니라 몽둥이 밑에서 의무적으로, 강제적으로 해야 한다는 점에 있다고 말했다. 바깥세상에서도 농부는 그와는 비교할 수 없을 정도로 많은 일을 한다. 그러나 그는 자기 자신을 위해, 합리적인 목적을 위해 일을 하기 때문에 훨씬 수월하게 그 일을 한다는 것이다. 그래서 사람을 완전히 짓밟아버리고 싶다면 아무런 의미도 없는 노동을 부과하면 될 것이라고 했다.

사람에게 보이려고 하는 일에는 내적인 기쁨과 감사가 없다. 자기발생적인 기쁨이 없다는 말이다. 그는 기쁨의 이유를 남의 평판에서 찾기 때문이다.

보시는 하나님

예수는 사람에게 보이려고 하는 일체의 행동에 대해 단호하게 말씀하셨다. "그들은 자기네 상을 이미 다 받았다." 이 말씀에는 어떤 타협의 여지도 없다. 삶의 실상이다. 물론 '위에서 부르신 부르심의 상'을 바라보며 사는 게 옳지만 상 자체에 집중하지는 말아야 한다. 상만이 목적이라면 상을 얻기 위한 과정에는 기쁨이 없기 때문이다. 상은 삶의 결과로서 주어지는 것이지, 우리가 추구해야 할 궁극적 목적이 되어서는 안 된다. 칭찬을 기대하면서 자기의 선행을 다른 이들에게 발설하는 그 순간, 하나님의 상은 안개처럼 흩어지고 만다. 이미 자신이 '시상자'인 동시에 '수상자'가 되었기 때문이다. 우리는 이 말씀을 무겁게 받아야겠다. 자랑과 과시의 노를 저으면 하나님의 마음으로부터 점점 멀어질 뿐이다.

그래서 우리 마음속에 새겨두어야 할 것이 있다. 세상 사람이 우리를 알아주지 않아도 하나님은 우리의 행실을 보고 계시고, 또 다 기억하신다는 사실이다. 사라의 여종이었던 하갈이 집에서 내쫓겨 광야를 방황하고 있을 때, 하나님은 그를 찾아가셔서 위로해주시고 희망에 찬 미래를 약속해주셨다. 감격한 하갈은 그 하나님을 엘 로이, 즉 '보시는 하나님'이라고 불렀다. 그렇다. 하나님은 우리를 보고 계신다.

예수는 "오른손이 하는 일을 왼손이 모르게 하라"고 말씀하신다. 이 말은 이웃과 가족은 물론 자기 마음속에서조차 떠벌리려는 자만심이나 집착이 없이 너그럽게 베풀라는 충고일 것이다. 그런데 얼마나 개선하기 어려운 충고인가. 남 앞에 나를 드러내고 내가 한 일에 대해 과분할 정도로 칭찬받고 싶어 하는 것이 우리가 받는 가장 큰 유혹이기 때문이다. 아담과 하와를 유혹했던 뱀과 예수를 시험했던 사탄은 허영심이라는 틈을 통해 우리 속에 똬리를 튼다. 뱀과 사탄은 인격을 다듬고 덕을 크게 하는 일보다 허영과 간판에 더 큰 가치를 두라고 우리에게 속삭인다.

허영심을 버린 사람

이런 유혹에 귀를 기울이지 않는 사람이야말로 '참 사람', '큰사람'이라 할 수 있다. 겉으로 보기에는 흠모할 만한 것이 없지만 가만히 살펴보면 이런 이들이야말로 다른 이들을 복되게 한다. 노자는 "가장 큰 선은 물과 같다(上善若水). 물은 만물을 이롭게 하면서 다투지 않고(水善利萬物而不爭), 뭇 사람들이 싫어하는 곳에 처한다(處衆人之所惡)" 했다. 남을 이롭게 하기 위해 손해를 마다하지 않는 사람은 물 같은 사람이다. 이런 사람이 되려면 자기 허영심과 치열하게 싸워야 한다. 허영심을 여읜 사람만이 이렇게 고백할 수 있다.

> 우리는 속이는 사람 같으나 진실하고, 이름 없는 사람 같으나 유명하고 죽은 사람 같으나, 보십시오, 살아 있습니다. 징벌을 받는 사람 같으나 죽임을 당하는 데까지는 이르지 않고, 근심하는 사람 같으나 항상 기뻐하고, 가난한 사람 같으나 많은 사람을 부요하게 하고, 아무것도 가지지 않은 사람 같으나 모든 것을 가진 사람입니다(고후 6:8-10).

선행이 오히려 우리를 영적 타락으로 몰아넣기도 한다. 가장 아름다운 선행은 자기 자신도 의식하지 못한 채 일어난다. 날마다 우리 속에 일고 있는 허영의 풍랑을 잔잔케 하자. 갈릴리 호수에서 제자들이 그랬던 것처럼 우리 속에 잠들어 계신 예수를 깨워야 한다. 하나님 앞에 엎드려 우리 내면을 살피면서 주님이 주시는 능력을 덧입지 않고는 우리 내면에서 향기가 풍겨날 수 없다.

그리고 우리에게 선을 행할 기회를 주시는 하나님께 감사하면서 즐겁게 그 일에 동참하자. 나눔과 섬김을 통해 평화로운 새 세상을 열기 원하시는 주님이 우리를 부르고 계신다. 우리가 참여하는 작은 나눔의 실천은 이 냉랭한 세상에 희망의 씨앗 한 줌을 뿌리는 것이다.

> 나는 나에게 능력을 주신 우리 주 그리스도 예수께 감사를 드립니다. 주님께서 나를 신실하게 여기셔서, 나에게 이 직분을 맡겨 주셨습니다(딤전 1:12).

너희가 선한 일을 하려고 할 때에 그것이 연극이 되지 않도록 특히 조심하여라. 그것이 멋진 연극이 될 수 있을지는 몰라도, 너희를 지으신 하나님은 박수를 보내지 않으실 것이다. 남을 위해 무슨 일을 할 때에는 너희 자신이 주목받지 않도록 하여라. 분명 너희도 내가 '연극배우'라고 부르는 이들의 행동을 보았을 것이다. 그들은 기도회며 큰 길을 무대로 알고는, 누군가 자기를 보고 있으면 긍휼을 베풀고 사람들 앞에서 연극을 한다. 물론 그들은 박수를 받지만, 그것이 전부다. 너희는 남을 도울 때에 자신이 어떻게 보일지 생각하지 마라. 그냥 소리내지 말고 은밀히 도와주어라. 사랑으로 너희를 잉태하신 너희 하나님도 무대 뒤에서 일하시고, 너희를 은밀히 도와주신다(마 6:1-4).

새로운 삶의 입구

나는 가끔 경건하다는 말이 자아내는 묘한 울림에 가슴이 설레곤 한다. '경건'이라는 단어는 "공경하는 마음으로 깊이 삼가고 조심한다"는 사전적 의미를 지닌다. 여기에는 공경의 대상이 있고, 그 대상 앞에 서 있는 사람의 마음가짐이 있다. 바울은 "육체의 운동은 약간의 유익이 있으나, 경건 훈련은 모든 면에 유익하니, 이 세상과 장차 올 세상의 생명을 약속해줍니다"(딤전 4:8)라고 했다.

경건은 오늘을 가장 아름답게, 그리고 인간답게 살아가는 방식이다. 그리고 생이 다하는 날까지 향하여 달려갈 목표이기도 하다. 기왕 사람의 몸을 입고 태어났으면 사람값은 하며 살아야 하지 않을까? 내 삶은 세상의 누구도 대체할 수 없다. 우리는 공장에서 대량으로 찍어낸 규격화된 상품 가운데 하나가 아니라, 창조주 하나님이 창조하신 걸작품이다. 아무리 작품이라고는 하지만 마음에 들지 않을 수도 있다. 그래서 어떤 이들은 하나님께 A/S를 해달라고 떼를 쓰기도 한다. 남들과 비교하면서 사는 한 우리는 늘 행복의 저편에서 살 수밖에 없다.

잘 사는 게 뭘까? 남보다 돈이 많고 높은 자리에 앉는 것이 아니라, 하나님께서 배분해주신 삶의 몫을 충실히 살아내는 것이 잘 사는 것이다. 이런 삶은 저마다 다른 모양새를 하고 있지만 내적인 삶의 특징은 동일하다. 그는 공경하는 태도로 살아간다. 그의 내면에는 고요함이 있다. 아무도 하찮게 여기지 않고 누구든 존중한다. 그는 삶이 하나님의 은총이요 선물임을 알기에 늘 겸손히 살아간다.

또 그는 감사하며 산다. 바라고 원하는 것보다 고마움이 더 큰 사람이다. 없는 것만을 헤아리지 않고 있는 것을 헤아리는 일이 그에게는 더욱 익숙하다. 홀로 어둔 밤길을 걸으면서도 등불을 밝힌 마차를 타고 가는 이를 미워하지도, 부러워하지도 않는다. 등불이 없기에 누릴 수 있는 달빛과 별빛이 그저 고마울 뿐이다. 그는 이렇게 기도한다. "주님께서 제게 주신 것은 다 분에 넘칩니다. 저는 그것을 받을 자격이 없습니다." 그래서 자기에게 주어진 것을 하나님께 돌려드리고 싶어 한다. 물론 그것은 이웃을 복되게 하는 일로 나타난다. 그분께로부터 받은 것을 누군가에게 돌려주는 마음이 곧 감사이다.

기도, 경건한 삶의 토대

경건한 사람은 자기에게 맡겨진 소명을 부지런히 감당한다. 영적인 게으름에 빠지지 않기 위해 해로운 쾌락을 멀리하고, 음식을 절제하고, 소유도 줄인다. '나의 뜻'과 '하나님의 뜻'이 부딪칠 때 기꺼이 하나님의 뜻을 따른다.

이 모든 것을 가능케 하는 토대는 기도이다. 예수를 예수되게 한 것도 기도이다. 분주함 가운데서도 한적한 곳을 찾아가 기도하는 예수의 모습이야말로 우리 삶의 모범이다. 예수의 모든 행적을 거슬러 올라가 보면 기도의 골방에 이르게 된다. 기도는 하나님의 능력이 우리에게 전달되는 통로이다. 기도는 무뎌진 우리 영혼을 하나님의 마음이라는 숫돌에 벼리는 일이요, 무너진 우리 마음의 토대를 수리하는 일이다. 기도는 우리의 일상적인 삶을 영원에 비끄러매는 행위이다. 기도하지 않으면 평생 남의 장단에 춤추다 생을 마치게 된다. 그러므로 기도는 우리 생의 중추이다.

진실한 기도는 누군가에게 들려주기 위한 행위가 아니다. 마음이 담기지 않은 채 화려하기만 한 기도는 생명력이 없다. 물 흐르듯 유창한 기도를 부러워하지 마라. 떠듬대더라도 진정이 담긴 기도는 하늘을 움직인다.

 뒤늦게 예수를 믿어 늘 감격에 겨워 사는 할아버지가 계셨다. 예수를 믿고 그분의 삶은 완전히 달라졌다. 어느 날 밥상을 가지고 들어온 며느리가 "오늘은 아버님께서 식사기도를 해주세요" 하고 부탁했다. 손자들도 고사리 같은 손을 모으고 할아버지의 기도를 기다렸다. 혼자서는 기도해보았지만 사람들 앞에서 기도해본 적이 없는 할아버지는 식은땀만 흘렸다. 그러다가 느닷없이 "하나님 만세!" 하고 외치는 게 아닌가. 투박하지만 가장 진실한 기도였다.

 기도는 은밀해야 한다. '골방에 들어가라'고 말씀하시는 까닭은 그곳에서라야 누구의 눈길도 의식하지 않고 하나님 앞에 선 단독자가 될 수 있기 때문이다. 물론 골방에 들어가서도 자기의 '에고ego'를 의식하는 불쌍한 사람들이 있기는 하다. 그러니까 여기서 말하는 골방은 장소가 아니라 마음자리임을 알 수 있다. 세상살이를 잊고 오직 하나님과 하나 되기를 소망하는 마음자리가 곧 기도의 골방이다.

 기도는 중언부언하지 않아야 한다. 시간이 긴 기도가 효과가 있다는 생각을 버려라. 공부 못하는 학생의 답안은 길고 장황하다. 핵심을 알 수 없으니 그물을 넓게 치는 것이다. 어느 한 대목이라도 걸리기를 바라면서 말이다. 앞 못 보는 사람이 예수 앞에 왔을 때, 그분은 물으셨다. "내가 무엇을 해주기를 원하느냐?" 그러자 그는 간결하게 대답했다. "보기를 원하나이다." 앞을 못 보는 자에게는 진정이 담긴 이 한마디면 된다.

우리의 기도는 많이 천박해졌다. 청원 기도가 기도의 중심이 되고 있다. 청원 기도의 중요성을 아예 부정하자는 말이 아니다. 하지만 기도의 중심은 청원이 아니라 감사여야 하고, 우리가 진정으로 소망해야 하는 것은 하나님과의 일치여야 한다. 물론 구색을 갖추기 위해 감사도 드리고 잘못을 뉘우치기도 하지만 그것은 인사치레로 넘어가기 일쑤이고 속셈은 청원에 있을 때가 많다. 연락조차 없이 살던 사람이 어느 날 갑자기 찾아오거나 전화를 걸어 이야기를 동서남북으로 길게 돌리면 '아, 뭔가 부탁할 일이 있구나' 하고 짐작하는데, 대개 그 짐작은 틀리지 않는다.

문제는 사귐의 깊이이다. 가끔 만나기는 해도 자기 말만 하고 금방 돌아서던 사람이 느닷없이 친한 척하면서 뭔가를 달라고 불쑥 목록을 내놓으면 속 좁은 나는 마음을 닫고 만다. 하나님은 속이 넓으시니까 다르실까? 주님은 우리에게 필요한 것도 채워주시지만, 정말 주님이 우리에게 주고 싶으신 것은 당신 자신이다.

담요와 보름달

한 스승이 마을에서 멀리 떨어진 산 속 오두막집에 홀로 살고 있었다. 보름달이 뜬 어느 날 밤 한 도둑이 그의 오두막에 들어갔다. 스승은 걱정이 되었다. 도둑이 가져갈 만한 것이라고는 담요 한 장밖에 없었고, 선사는 마침 그것을 자기 몸에 두르고 있었기 때문이었다. 그는 너무나 걱정이 되어서 그 담요를 문 옆에 걸어두고 구석으로 가서 몸을 숨겼다. 도둑은 방안을 둘러보았지만 어둠 때문에 그 담요를 볼 수 없었다. 도둑이 실망하여 방을 나가려는데 스승이 소리쳤다. "기다려요, 담요를 가져가시오. 대단히 미안하게 됐소. 이 추운 밤에 그렇게 먼 길을 오셨는데 이 집에서 가져갈 것이 아무것도 없으니 말이오. 다음에 올 때는 미리 나에게 말해주시오. 그러면 내가 가난하긴 하지만 무언가를 준비하겠소. 이번에는 누추하지만 거절하지 말고 이 담요를 가져가시오! 그렇지 않으면 내 마음이 너무 아플 것이오." 도둑은 이런 현실을 믿을 수가 없었다. 그리고 걱정이 되었다. '참 이상한 사람이다. 지금까지 이렇게 말하는 사람은 없었는데.' 그는 얼른 담요를 집어 들고 달아났다.

그날 밤 스승은 보름달이 뜬 창가에 앉아서 시 한 편을 썼다. 그 시의 내용은 대강 이런 것이었다. "참으로 아름다운 달이구나! 저 달을 그 도둑에게 주면 좋으련만!" 그는 눈물을 흘리면서 중얼거렸다. "그 불쌍한 사람은 그렇게도 먼 곳에서 왔는데!"

주님은 우리가 꼭 필요한 것을 청원하면 주실 것이다. 하지만 우리가 더 좋은 것을 구하지 않는 것을 유감스럽게 생각하실 것이다. 진실한 기도, 하나님과의 일치를 구하는 기도는 새로운 삶의 입구이다. 그 문을 열고 들어가면 이전과는 전혀 다른 생을 경험할 수 있다.

몇 해가 지나도록 포도나무가 열매를 맺지 못하자 주인은 그것을 찍어버리라고 명령했다. 하지만 포도원지기는 말미를 주면 나무 주위를 파고 거름을 주겠다고 말했다. 그래도 열매를 맺지 않으면 그때 가서 찍어버려도 늦지 않다며 설득했다. 열매가 달리지 않는다고 가지에 거름을 주는 사람은 없다. 문제는 뿌리에 있다. 근본이 바로 서야 열매도 거둘 수 있다. 기도는 근본을 바로 세우는 일이다.

달빛을 도둑에게 주고 싶었던 그 스승처럼, 하나님은 우리에게 당신 자신을 주고 싶어 하신다. 그 귀한 선물을 감사함으로 받아 아름다운 사람들로 거듭나는 사람이 되기를 소망한다.

또 너희가 하나님 앞에 나아갈 때도 연극을 하지 마라. 그렇게 하는 사람들은 다 스타가 되기를 꿈꾸며 기도할 때마다 쇼를 일삼는다! 하나님께서 극장 객석에 앉아 계시다는 말이냐? 너희는 이렇게 하여라. 하나님 앞에서 연극하고 싶은 유혹이 들지 않도록, 조용하고 한적한 곳을 찾아라. 할 수 있는 한 단순하고 솔직하게 그 자리에 있어라. 그러면 초점이 너희에게서 하나님께로 옮겨지고, 그분의 은혜가 느껴지기 시작할 것이다(마 6:5-8).

세 사람의 기도

돌아가는 것이 도의 움직임(反者, 道之動)이라는 말이 있다. 세상의 모든 것이 끊임없이 변해가지만, 결국은 제 뿌리로 돌아가게 마련이라는 말일 것이다. 가을은 돌아감의 계절이다. 나뭇잎들은 떨어져 흙으로 돌아가고, 제비들도 따뜻한 곳을 찾아 먼 길을 떠난다. 가을이 무르익을 즈음 한가위가 되면 조상의 묘를 찾아가 성묘하는 것도 결국은 자기의 뿌리를 돌아보는 일일 게다. 그런데 이제는 한가위 풍경이 다소 바뀌었다. 어떤 이는 단식원에 들어가 살을 빼고, 어떤 이는 성형 수술을 받고, 어떤 이들은 해외여행을 즐긴다. 이게 우리 삶의 풍경이다. 불과 20-30년 전만 해도 상상할 수 없었던 일들이다.

지금 나이가 50세 초반쯤인 분들은 전근대, 근대, 탈근대의 세월을 순차적으로 살아왔다. 한편으로는 지긋지긋한 가난으로부터 벗어나기 위해 부지런히 일하며 근검절약했고, 다른 한편으로는 민주주의와 시장경제에 바탕을 둔 시민사회를 정착시키기 위해 고통을 감수해야 했다. 지금 우리가 직면하고 있는 문제는 삶이 너무 비속하게 변질되고 있다는 것이다. 하나님의 형상대로 지음 받은 인간이 그 자체로 존중받는 게 아니라 그가 가진 구매력에 따라 평가되는 세상에 살고 있다. 이런 세상에 적응하느라 숨이 가쁘다. 이제는 잠시 멈추어 서서 우리 삶의 풍경을 돌아보아야 할 때이다. 거울에 우리 모습을 비추어보듯이, 근본 앞에 우리 삶을 세워보아야 한다. 어쩌면 우리는 너무 먼 곳까지 와 있는지도 모른다.

신앙생활이란 물러섬과 나아감의 통일이다. 물러섬이란 근본으로 돌이키는 것이다. 예수께서도 분주한 일상으로부터 벗어나 한적한 곳을 찾아가 하나님 앞에 엎드리셨다. 나아감이란 하나님의 뜻으로 조율된 마음을 가지고 삶의 자리로 돌아가는 것이다. 예수께서는 섬김과 나눔과 돌봄의 삶으로 그것을 나타내셨다.

시인 반칠환의 〈나를 멈추게 하는 것들〉이라는 시가 떠오른다.

> 보도 블록 틈에 핀 씀바귀꽃 한 포기가 나를 멈추게 한다
> 어쩌다 서울 하늘을 선회하는 제비 한두 마리가 나를 멈추게 한다
> 육교 아래 봄볕에 탄 까만 얼굴로 도라지를 다듬는 할머니의 옆모습이 나를 멈추게 한다
> 굽은 허리로 실업자 아들을 배웅하다 돌아서는 어머니의 뒷모습이 나를 멈추게 한다
> 나는 언제나 나를 멈추게 한 힘으로 다시 걷는다

시인을 멈추게 하는 것은 작은 것이다. 그리고 눈물겨운 삶의 풍경이다. 그런데 시인은 이 사소한 것들에 힘을 얻고 다시 걷는다. 멈추어 설 줄 알아야 걸을 수 있다. 물러설 줄 알아야 앞으로 나아갈 수 있다. 지금 우리에게 가장 부족한 것은 물러섬이 아닌가 싶다. 기독교인의 물러섬, 그것은 하나님과의 대면이다. 달리 말해 기도이다. 존 웨슬리는 우리가 하나님의 사랑만을 구하고, 하나님을 기쁘시게 해드리려는 열망을 갖는 것 자체가 기도라고 말한다. 하지만 우리는 저마다 삶의 처지에 따라 다른 기도를 바치게 된다. 자신의

처지에 따라 달리 기도를 드린 세 사람, 야베스와 아굴과 예수의 기도를 엿들어보자.

야베스의 기도

야베스는 역대상 4장 9-10절에 등장하는 유다의 후손이다. 그에 대한 정보는 다른 곳에서는 찾아볼 수 없다. 우리가 알 수 있는 것은 그의 탄생이 평범하지 않았다는 사실뿐이다. 그것이 산고産苦인지 다른 사정인지는 알 수 없지만, 그의 탄생은 어머니에게 너무나 큰 고통을 안겨주었다. 그래서 어머니는 그의 이름을 야베스Jabez라고 지었다. 이 이름은 히브리어로 고통을 뜻하는 오체브*otzeb*라는 단어에서 자음의 순서를 바꾼 야베츠*yabetz*의 영어식 표기이다. 얼마나 힘겨웠으면 아들 이름을 이렇게 지었을까? 야베스는 어쩌면 고통이라는 숙명을 타고났는지도 모르겠다. 하지만 그는 자기의 숙명을 받아들이지 않았다. 그는 하나님 앞에 엎드려 두 가지를 청했다. 자기 삶의 지평을 넓혀 달라, 환난에서 벗어나 근심 없는 삶을 살게 해달라는 것이다.

이 기도를 이해하기 위해서 우리는 한 가지 사실에 주목해야 한다. 역대기서의 기자가 유다의 자손들 이름을 죽 나열하다가 야베스라는 인물에 대해 비교적 자세히 설명하는 까닭이 무엇일까? 그것은 역대기서가 기록된 시대적 배경을 이해해야만 알 수 있는 질문이다. 역대기서의 독자들은 바벨론 포로생활에서 귀환한 사람들이었다. 그들은 척박한 땅을 개간하고, 호의적이지 않은 이웃들과 늘 대면하며 살아야 했다. 삶은 힘겨웠고, 미래는 어두웠다. 그런 현실을 너무나 잘 아는 역대기서의 저자에게 야베스라는 인물은 하나의 모범적인 사례로 보였던 것이다. 몇 해 전부터 야베스의 기도가 사람들의 입에 오르내리면서 그가 마치 기도를 통해 세속적 성공을 거둔 사람인 양 인식되고 있지만, 사실 그는 새 나라를 이루게 하겠다는 하나님의 언약을 이루어내기 위해 포기할 줄 모르는 믿음과 열성을 가진 기도의 사람이었다.

믿음의 반대말은 숙명론이다. 물론 세상에는 우리가 아무리 노력해도 바꿀 수 없는 일이 있다. 그런 것은 있는 그대로 수용하는 것이 지혜로운 처사일 테지만 노력해서 바꿀 수 있는 일이라면 최선을 다해야 한다. 야베스는 자기에게 덧씌워진 고통의 숙명을 벗어던지기 위해 노력했고 끊임없이 하나님 앞에 엎드렸다. 그래서 그는 숙명을 극복한 사람이 되었다. 야베스와 같이 기도하고 숙명의 너울을 벗어던져라. 생존의 위기에 처한 이들이 절박한 심정으로 드려야 할 기도는 야베스의 기도가 아닐까?

아굴의 기도

야베스의 기도에 비해 잠언 30장 7-9절 사이에 등장하는 아굴Agur의 기도는 다소 안정된 시기를 배경으로 한다. 그는 하나님 앞에 엎드려 두 가지를 구했다. 첫째는 허위와 거짓말을 멀리하게 해달라는 기도였다. 이것은 스스로 허위에 빠지거나 거짓말을 하지 않게 해달라는 뜻일 수도 있고, 허위와 거짓에 익숙한 이들이 자기 가까이 오지 못하게 해달라는 뜻일 수도 있다. 어쩌면 두 가지 다 해당하는 것인지도 모르겠다. 허위나 거짓말은 우리 영혼을 병들게 한다. 실속은 없으면서 남에게 그럴싸하게 보이기 위해 겉꾸미는 행동이나, 순간의 어려움을 모면하기 위해 지어내는 거짓말은 결국 자기를 포박하는 줄이 되고 만다. 그래서 예수는 '진리가 너희를 자유롭게 할 것'(요 8:32)이라고 말씀하셨나 보다. 힘겹더라도 진실을 지켜가는 것이 영적 자유를 향해 가는 첩경이다.

아굴은 두 번째 기도를 드린다. "저를 가난하게도 부유하게도 하지 마시고, 오직 저에게 필요한 양식만을 주십시오." 이렇게 구하는 이유도 진술한다. 너무 가난하면 도둑질을 하거나 하나님의 이름을 욕되게 할지도 모른다는 것이다. 참 정직한 기도이다. 그는 결코 자기를 과대평가하지 않았다. 자기를 지킬 내적인 힘이 자기에게 없음을 인정하고 있다. 물론 그가 절제와 자족하는 마음을 구하지 않은 것은 못내 아쉽지만 말이다.

아굴의 기도 중에 정말 동의하고 싶지 않은 내용도 있다. "저를 부유하게도 하지 마십시오"라는 기도가 그것이다. 얼마나 가지면 만족할 수 있을까? 욕망에 초점을 맞추고 사는 사람에게 만족은 없다.

아굴은 풍요로움이 얼마나 큰 유혹인지를 잘 알았던 모양이다. 풍요로움은 결국 우리를 하나님으로부터 멀어지게 만든다. 예수는 사람이 재물과 하나님을 함께 섬길 수 없다(눅 16:13)고 하셨고, 낙타가 바늘귀를 통과하는 것이 부자가 하나님나라에 들어가는 것보다 쉽다(마 19:24)고 하셨다. 바울은 돈을 사랑함이 일만 악의 뿌리(딤전 6:10)라고 말했다. 선지자 호세아는 말한다. "이스라엘은 열매가 무성한 포도덩굴, 열매가 많이 맺힐수록 제단도 많이 만들고, 토지의 수확이 많아질수록 돌기둥도 많이 깎아 세운다"(호 10:1). 우리도 지금 제단과 돌기둥을 만들어 세우고 있는 것은 아닌지, 하나님이 아닌 다른 것들이 우리 삶의 중심을 차지하고 있는 것은 아닌지. 풍요의 신화가 사람들의 마음을 온통 사로잡고 있는 이 시대야말로 아굴의 기도가 진실하게 드려져야 할 때이다.

주님의 기도

하지만 거기에 그쳐서는 안 된다. 이 시대는 하나님의 영광이 가려진 시대이다. 마르틴 부버는 우리 시대를 '신의 일식'이라는 말로 요약했다. 눈에 드리운 과도한 욕심의 비늘 때문에 우리는 하나님을 볼 수 없는 청맹과니가 되고 말았다. 지금 우리가 가장 절실하게 드려야 할 기도는 주님이 가르쳐주신 기도이다. 예수는 하나님을 아버지라 부르신다. 그런데 그 아버지는 하늘에 계신 분이시다. 이 말은 하나님이 저 위 어디에 계시다는 뜻이 아니라 때와 장소에 구애받지 않고 어느 때나 어느 곳에나 계시다는 말이다. 옛 사람들은 하나님의 뜻을 깊이 생각하고 그런 하나님을 아버지라 부르는 것(염천호부, 念天呼父)이 참 믿음이라 했다. 주님의 기도는 자신의 뜻을 이루는 것에 초점을 두지 않는다. 아버지의 이름이 거룩히 여김 받기를, 하나님의 나라가 임하기를, 하나님의 뜻이 하늘에서와 같이 땅에서도 이루어지기를 기도했다. 예수의 삶은 하나님의 뜻에 대한 온전한 '아멘'이었다.

예수는 자신이 하나님의 나라를 이룰 수 있다고 주장하지 않으셨다. 이름이 거룩히 여김을 받게 하실 분도, 하나님의 나라가 임하게 하실 분도, 하나님의 뜻을 이루실 분도 하나님이심을 아주 잘 아셨다. 하지만 예수는 이 큰일을 위해 헌신하길 원하셨다. 그리고 자기를 따르는 제자들도 하나님의 아름다운 뜻을 세상에 펼치는 도구가 되기를 원하셨다.

상한 갈대 같은 우리라 해도 하나님께서 숨결을 불어넣어 주시면 아름다운 곡조를 연주할 수 있다. 하나님께서 함께하시니 발람이 타고 가던 나귀는 사람의 말로 주인을 꾸짖었고, 이스라엘 백성을 저주할 임무를 받았던 발람은 그들을 축복할 수밖에 없었다(민 22-24장 참조).

지금 우리 삶의 주인은 누구인가? 하나님 한 분만으로 만족하는가? 이 물음에 선뜻 그렇다고 대답하지 못해 우리 인생이 이 지경이다. 야베스의 기도도, 아굴의 기도도 모두 귀하다. 지금은 거기에 더하여 주님의 기도를 진심으로 바쳐야 할 때이다. "믿고 구하는 것은 다 받으리라"(마 21:22) 하셨으니, 진정으로 기도할 때 하늘의 능력을 덧입게 될 것이다. 가을은 앞으로 나아가는 계절이 아니라 물러서는 계절이다. 이 계절처럼 하나님과 대면하여서 삶의 질서를 되찾고, 내적으로 튼실해져서 하나님의 복을 나르는 통로가 되고 싶다.

너희는 이렇게 기도하여라. 하늘에 계신 우리 아버지, 아버지가 어떤 분이신지 드러내소서. 세상을 바로잡아 주시고 하늘에서처럼 땅에서도 가장 선한 것을 행하소서. 든든한 세 끼 식사로 우리가 살아가게 하소서. 아버지께 용서받은 우리가 다른 사람들을 용서하게 하소서. 우리를 우리 자신에게서와, 마귀에게서 안전하게 지켜주소서. 아버지께는 그럴 권한이 있습니다! 원하시면 무엇이든 하실 수 있습니다! 영광으로 빛나시는 아버지! 예, 정말 그렇습니다(마 6:9-13).

우리의 마음이 머무는 곳

역사 속의 교회는 오류투성이이지만 그래도 하나님은 그 교회를 통해 일해오셨다. 교회는 힘과 풍요를 누리기 위해 수단 방법을 가리지 않는 세상 질서와는 다른 질서에 속해 있다. 지배의 자리에 섬김과 돌봄을, 풍요의 자리에 나눔과 절제를 세우는 것이 교회의 교회됨이다. 하지만 진정한 교회는 언제나 세속의 바다에 떠 있는 외로운 섬과 같다.

돈이 곧 권력이고 사람값이 되는 세상이다. 몇 년 전에는 한 대기업 총수가 저지른 보복폭행 사건이 연일 매스컴의 주목을 받았다. 그 사건을 보면서 씁쓸한 마음을 금할 길이 없었다. 합리적이고 객관적인 사회적 절차를 무시하고 보복폭행을 저지르는 그 행위 이면에는 돈과 권력에 대한 무한

한 신뢰가 깔려 있다. 돈과 권력이면 안 되는 일이 없다는 그들의 경험 철학이 이 사건의 배후에 놓여 있다. 그들은 경찰에도 압력을 가하고, 그룹 차원의 대응책도 마련했다. 전경련의 부회장인 어느 인사는 이 사건은 "아들이 맞고 와서 아버지가 대신 때린 단순한 사건" 아니냐며 언론이 이 사건을 너무 부풀린다고 불퉁거렸다. 게는 가재 편이어서 그런가? 이분들은 장삼이사張三李四가 모여 사는 세속의 질서 저 너머에 계신 분들이 아닌가 싶기도 하다. 우리는 여기서 권력과 돈이 사람을 얼마나 뻔뻔하게 만들 수 있는지 본다. 그러니 '억울하면 출세하라'는 노래가 나오는 것이다.

한국인을 상대로 일해본 외국인들에게 한국인에 대한 인상을 물으면 대개 비슷한 대답이 나온다고 한다. '원하는 것은 어떻게든 손에 넣으려고 애쓰는 사람, 대부분 일을 열심히 하지만 물불을 안 가린다.' 이것을 한국인의 역동성에 대한 긍정적인 평가로 본다면 그것은 제 논에 물대기(我田引水)일 뿐이다. 한국인은 이제 유대인이나 일본인을 대신하여 '경제적 동물'로 변했다는 빈정거림이 도처에서 들려온다. 성형 수술 공화국이라는 평가도 마찬가지이다. 가질 만큼 가졌는데도 얼굴은 편안하지 않다. 1930년대의 시인 이상의 〈오감도〉를 떠올리지 않을 수 없다. "13인의아해가도로를질주하고있소/ 길은막다른골목이적당하오// 제1의아해가무섭다고그리오/ 제2의아해도무섭다고그리오." 이게 우리 삶의 정황이 아닌가 싶다. 돈을 향해 질주할수록 내면은 가난해지고 불안감은 커지게 마련이다.

하늘에 쌓은 보물

개처럼 벌어 정승처럼 쓴다는 말이 암암리에 통용되는 세상에서 우리는 전혀 새로운 메시지 앞에 서 있다. "너희는 자기를 위하여 보물을 땅에다가 쌓아두지 말아라." 이 말씀은 조금 불편하다. 돈이 힘이 되는 세상인데, 그래서 물불 가리지 않고 일해 부자가 되고 싶은 게 우리 마음인데, 주님이 그 마음을 알아주시지 않으니 말이다. 땅에서는 모아둔 보물에 좀이 먹고 녹이 슬고 도둑이 와서 훔쳐가는 것이 사실이다. 알게 모르게 우리는 고비용을 치르면서 살고 있다. 외모가 경쟁력인 세상이니까 얼굴과 몸매를 뜯어고치는 데도 돈이 들고, 명품도 몇 개쯤은 있어야 무시당하지 않을 테니까 그것도 구비해야 한다. 호텔에 가도 차를 보고 사람대접을 달리 하니 좋은 차도 사야 한다. 신제품들은 왜 그리도 빨리 나오는지. 최신형 스마트폰도 구입해야 하고, 가전제품도 고쳐 쓰기보다는 갈아치우는 게 잘하는 일 같다. 그래서 행복한가? 욕망이 충족되면 또 다른 욕망이 신호를 보내는데 어찌 행복할 수 있으랴. 삶의 속도가 빨라질수록 숨은 더욱 가빠지고, 이웃들과 오순도순 정을 나누며 살아갈 시간은 사라진다.

그런데 주님은 그런 삶의 굴레로부터 내려오라신다. 돈으로부터 자유로워지는 길은 그것을 하늘에 쌓는 길밖에 없다고 말씀하신다. 보물을 비밀 계좌에 예치하라면 모를까 하늘에 쌓으라니 어떻게 하라는 말씀인지. 일부 몰지각한 목사들은 교회에 헌금을 많이 하는 게 보물을 하늘에 쌓는 것이라고 가르친다. 시골에서 사역하고 있는 일부 목회자들은 밥을 굶을 지경인데, 도시에 있는 교회들은 점점 부자가 되어가고 있다. 수십억, 수백억을 들여 교회와 부대시설을 짓고 한적한 곳에 땅을 사서 수양관을 짓고 교회 묘지를 만든다. 이런 교회일수록 많은 사람들이 모여든다. 쾌적하기 때문이다. 말구유에 태어나셔서 머리 둘 곳조차 없이 살다가 십자가에서 돌아가신 예수께서 정말 그런 것을 보고 "야, 참 좋다" 그러실까? 천만의 말씀이다. 너무나 많은 교회들이 예수의 이름으로 예수를 배신하고 있다. 제 배만 불리는 거짓 목자들이 너무도 많다.

우리는 다시금 '보물을 하늘에 쌓으라'는 요청 앞에 서 있다. 어떻게 해야 할까? 정말로 필요한 사람들에게 주는 수밖에 없다. 하나님은 커다란 교회를 보고 영광을 받으시는 것이 아니라, 교회 주변에 굶주리는 사람이 하나도 없을 때 영광을 받으신다. 주님은 배고픈 사람, 목마른 사람, 나그네로 떠돌고 있는 사람, 헐벗은 사람, 병든 사람, 옥에 갇힌 사람의 모습으로 우리에게 다가오신다. 그 연약한 사람들을 사랑과 정성으로 보듬어 안는 것이야말로 교회의 존재 이유인 까닭이 여기에 있다.

"잔치를 베풀 때에는, 가난한 사람들과 지체에 장애가 있는 사람들과 다리 저는 사람들과 눈먼 사람들을 불러라. 그리하면 네게 복될 것이다. 그들이 네게 갚을 수 없기 때문이다. 의인들이 부활할 때에, 하나님께서 네게 갚아주실 것이다"(눅 14:14).

주님의 교회가 확고히 붙잡아야 할 가치는 고통받는 이들과의 연대이다. 우리 사회의 약자들 곁에 더욱 다가서고 그들의 눈물을 닦아주기 위해 더욱 낮아져야 한다. 오염된 물 때문에 질병에 시달리는 캄보디아 사람들을 생각해 우물을 기부할 수도 있고, 이주 노동자들을 도울 수도 있을 것이다. 무엇이든 교회 주변을 살피며 보물을 하늘에 쌓는 기쁨을 지향하자.

학살의 시대

우리가 보물을 하늘에 쌓아야 하는 이유를 주님은 분명하게 밝히셨다. "너의 보물이 있는 곳에, 너의 마음도 있을 것이다." 존 웨슬리는 돈 지갑이 회심하기까지는 진정한 회심을 경험했다고 말할 수 없다고 했다. 우리가 돈과 시간과 재능을 어디에 쓰는지를 보면 그의 마음이 어디에 있는지를 알 수 있다. 우리 마음에는 초월적인 빛을 향한 밝음의 지향과 욕망에 따라 살려는 어둠의 지향이 공존한다. 이 둘이 잘 조화를 이룬 삶이라야 건강하다. 하지만 자본주의 세상은 압도적인 힘으로 우리를 욕망 쪽으로 끌어당기고 있다. 정신을 똑바로 차리지 않으면 우리는 물질주의에 투항한 채 숨을 헐떡이며 살 수밖에 없다. 이런 세상은 '살림'이 아니라 죽임의 세상이다.

김준우 목사는 감리교신학대학교의 한 공개 강연에서 우리 시대를 '대량학살의 시대'라고 명명했다. 인종간의 갈등으로 '종족학살genocide'이 벌어지고 있다. 우리는 보스니아와 세르비아에서 벌어졌던 참극을 잊지 못한다. 터키의 쿠르드족이 겪었던 고통도 기억한다. 이라크에서는 수니파와 시아파가 대립하고, 팔레스타인에서는 이스라엘과 팔레스타인이 대립하고, 수단의 다르푸르에서는 인종 간의 갈등으로 말미암아 수많은 사람들이 죽어나갔다.

그런가하면 이 시대는 '종자학살biocide'의 시대이기도 하다. 환경이 파괴되고 기후가 변화되면서 많은 생명체들이 죽어간다. 유엔의 IPCC(기후변화에 관한 정부간 패널)는 2007년에 140개국의 기후 관련 학자들과 전문가들 400여 명이 참여한 가운데 방콕에서 회합을 가졌다. 그들은 기후 변화로 인한 지구적 재앙을 막기 위해 2015년을 정점으로 온실가스 배출량을 대폭 감소시켜야 한다는 내용의 보고서를 채택했다. 2050년에는 온실가스 배출량이 2000년 수준의 50-85퍼센트 이하가 되어야 한다는 것이다. 지금처럼 온난화가 지속된다면 조만간 기온이 1.5-2.5도가 올라갈 것이고, 그렇게 되면 지구상에 살고 있는 동식물의 20-30퍼센트가 멸종하게 될 것이라 한다. 1억 2,000만 명이 기아에 허덕이고, 매년 1,500만 명이 홍수의 피해를 입을 것이고, 32억 명이 물 부족에 시달릴 것이라 한다.

이것을 가리켜 '지구학살geocide'이라 말해도 될 것이다. 미국이나 중국 등의 강대국들은 세계 도처에서 분쟁을 조장하거나 방관하면서 석유 자원을 확보하기 위해 혈안이 되어 있다. 이게 바로 우리의 현실이다. 정치를 하는 이들은 그들의 방식으로 문제를 풀어나가려 할 것이다. 하지만 하나님을 믿는 사람들은 하나님의 방식을 택해야 한다.

주님의 마음으로

지금 당신의 마음은 어디에 있는가? 예수를 믿는다는 말은 그를 따른다는 말이다. 그분의 마음이 되어 세상을 바라보는 것을 말한다. 예루살렘을 보시며 우셨던 주님은 지금 이 세상을 보며 울고 계실 것이다. 그 눈물을 닦아드려야 할 사람이 누구인가? 바로 예수를 믿는 우리들이다.

에너지 절약형으로 우리 삶을 바꿔가는 노력과 조금 덜 쓰고 조금 더 불편하게 살기로 하는 의식적인 노력이 필요한 때이다. 이렇게 사는 것은 신앙생활과 깊은 관련이 있다. 우리는 하나님을 생명의 하나님이라 고백한다. 하나님은 모든 생명이 자기 몫의 삶을 충만히 누리기를 원하신다. 그런데 인간의 과도한 욕심이 그런 하나님의 뜻을 가로막고 있다. 생명을 살리는 일에 나서지 않으면서 하나님을 생명이라 고백하는 것은 모순이다.

시간이 많지 않다. 종말의 현실이 눈앞에 있다. 하지만 세상을 새롭게 하시려는 주님의 꿈은 지금도 여전히 유효하다. 이런 믿음이 없다면 우리는 절망할 수밖에 없다. 주님의 손과 발이 되어줄 이들이 어디에 있는가? 평화와 생명의 세상을 열기 위해 헌신하는 사람들을 만나고 싶다. 바로 내가, 그리고 당신이 나서야 한다. "내가 여기 있나이다. 나를 보내소서"(사 6:8) 했던 이사야의 마음이 우리 마음이 되어야 한다. 세상의 지배 질서는 우리에게 더 편리하게 사는 것이 행복이라고 말한다. 하지만 우리는 덜 갖고 좀 더 불편하게 사는 것을 행복으로 삼아야겠다. 우리 보물이 있는 곳에 우리 마음이 있다.

하나님나라에 대한 소망을 갖고 사는가? 그렇다면 여러분의 시간과 물질과 재능과 경험을 하나님의 마음이 머무는 곳에 사용하라. 그래야 물질의 지배로부터 해방될 것이다. 주님의 멍에를 메고 주님께 배우려는 이들은 쉼을 얻게 될 것이다. 주님은 우리가 주님을 믿는 것처럼 우리를 믿으신다.

보물을 여기 땅에 쌓아두지 마라. 여기에 두면 좀먹고 녹슬고, 심한 경우에는 도둑까지 맞는다. 보물은 하늘에 차곡차곡 쌓아두어라. 거기는 좀이나 녹, 도둑도 없는 안전한 곳이다. 너희는 너희 보물이 있는 곳에 가장 있고 싶어 할 텐데, 결국 그렇게 될 것이다. 그것이 당연하지 않겠느냐(마 6:19-21).

눈빛 맑은 사람

축구선수 이영표 씨의 별명은 '초롱이'란다. 화면에 비친 모습만 봐도 눈이 초롱초롱해 보여 내 맘까지 흐뭇해진다. 게다가 그가 신앙 좋은 젊은이라니 더욱 친근하게 느껴진다. 눈빛이 흐리멍덩하거나 거슴츠레한 사람을 보면 왠지 마음이 불편하다. 게다가 탐색하는 눈빛으로 아래위를 훑어보기라도 하면 영 그 자리에 있고 싶은 생각이 사라지고 만다. 하지만 눈빛 맑은 사람을 만나는 것은 참 기분 좋은 일이다. 그들은 세속에 떠밀리며 사느라 우리가 잃어버린 '순수'를 일깨운다. 그 눈은 강박적으로 우리를 억압하지 않으면서도 '거울'이 되어 우리의 모습을 비춰준다. 예수의 눈도 맑고 깊었으리라. 눈빛이 불투명한 예수는 상상할 수 없다. 사람들 속에 잠들어 있는 아름다운 가능성들을 일깨우는 눈빛이 흐리다는 건 상상할 수 없는 일이니까….

눈은 '영혼의 창'이라 한다. 의도적으로 드러내려 하지 않아도 우리 눈에서는 감정이 저절로 흘러 내비친다(流露). 감정을 잘 조절하면 낯빛까지는 숨길 수 있겠는데, 눈빛을 숨기기란 여간 힘든 일이 아니다. 맹자는 말한다. "사람의 마음을 살피는 데 있어 눈동자보다 더 좋은 것이 없다. 눈동자는 능히 자기의 잘못을 감추지 못한다. 가슴속이 바르면 눈동자가 맑고, 가슴속이 바르지 않으면 눈동자가 어두운 것이다(存乎人者, 莫良於眸子. 眸子不能掩其惡. 胸中正, 則眸子瞭焉; 胸中不正, 則眸子眊焉/離婁章句上 十五章)." 말은 거짓말을 할 수 있지만 눈동자는 거짓을 용납하지 않는다. 그래서 누가 "내 눈을 똑바로 보고 말해봐!" 하면 흉중부정이 드러날까 두렵기까지 하다.

눈은 몸의 등불

나는 종종 느보산 비스가 봉우리에 서 있는 모세의 모습을 떠올리곤 한다. 모세는 그곳에서 지나온 발자취를 돌아보고, 또 이스라엘 백성이 들어가 살게 될 가나안 땅을 굽어본다. 120세 노인이 바람 찬 산 위에 홀로 서 있다. 그는 이제

자기 생의 경주를 막 끝내려는 참이다. 인생무상을 느꼈을까? 가나안을 목전에 두고 역사의 뒤안길로 사라져야 하는 심회가 남달랐을 테다. 그가 늙어서 그랬을까? 아니다. 성경은 "모세가 죽을 때에 나이가 백스무 살이었으나, 그의 눈은 빛을 잃지 않았고, 기력은 정정하였다"(신 34:7)고 전한다. 젊었을 때의 형형한 눈빛은 아니라 하더라도, 하나님과 함께 걸어온 세월에 의해 깊어진 그 눈빛이 흐리지 않았다는 말이 사무치게 좋다. 성도의 눈빛은 맑고 깊어야 한다.

어떻게 그 나이에도 맑은 눈빛을 가질 수 있을까? 욕심을 자꾸 비워내야 한다. 가슴속에 있는 바르지 못함을 자꾸 덜어내야 한다는 말이다. 속 빈 항아리가 맑은 소리를 품듯이, 내면에 여백이 있어야 맑은 소리를 내는 사람, 눈빛 맑은 사람이 될 수 있다. 죄는 '바라봄'에서 비롯된다. 사탄의 꼬임에 빠진 하와가 눈을 들어 선악과를 바라보았을 때 이미 문제가 생긴 것이다. 그 사람이 무엇을 바라보며 사느냐를 보면 그가 어떤 사람인지를 알 수 있다. 눈앞의 이익을 챙기는 데 발 빠른 사람의 눈은 먼 별빛을 향하지 않는다. 하나님을 바라보지 않고 눈앞의 것만 바라보는 눈은 점점 빛을 잃을 수밖에 없다.

우리의 눈은 밖에서 들어오는 시각 정보를 보는 데는 그런

대로 훈련이 되어 있다. 뇌는 눈을 통해 들어온 시각 정보를 가지고 판단을 한다. 좋다/싫다, 예쁘다/밉다…. 그런데 이런 판단은 참 피상적인 것이다.

  어머니의 주름진 얼굴은 객관적으로 보면 아름답다고 말하기 어렵다. 하지만 눈이 제대로 박힌 자식이라면, 그 주름의 갈피마다 담겨 있는 신산스런 삶의 이야기를 아는 자식이라면, 어머니의 주름 속에 숨겨진 사랑과 희생을 볼 것이다. 십자가에 달리신 분을 보면서 대부분의 사람들은 한 사내의 비참한 최후를 보았지만, 백부장은 '하나님의 아들'을 보았다. 이처럼 눈은 우리를 속일 때가 많다. 사람이 사람답게 살려면 제대로 볼 줄 알아야 한다. 외부를 살피는 육신의 두 눈 말고 보이지 않는 것을 살피는 제3의 눈을 얻어야 한다. 그 눈은 '믿음의 눈'이다. 믿음은 보지 못하는 것들의 증거라는 말이 가리키는 것은 바로 이것이다.

  동양 사람들은 '본다'는 말을 두 가지로 나누어서 설명한다. 하나는 '見(볼 견)'이다. 이 글자는 일부러 보려고 생각하지 않아도 저절로 보는 것을 말한다. 다른 하나는 '觀(볼 관)'인데, 이 글자는 일부러 보려고 생각하고 보는 것이다. '꿰뚫어본다'는 뜻에 가깝다. 굳이 이야기를 하자면 '직관insight'에 해당하는 말일 것이다. 예수가 제자들에게 '들에 핀 백합화를 보아라' 하셨을 때, 주님은 꽃의 빛깔이나 형태를 보라고 하신 것이 아니다. 현상적인 세계 이면에 있는 생명의 실상을 보라는 말씀이었다. 제자가 된다고 하는 것은 그분의 눈으로 세상을 보는 것이다. 성령 충만함을 받은 베드로와 요한은 성전 미문 앞에서 앉은뱅이 거지를 '주목하여' 보았다(행 3:4). 이전까지는 그저 풍경으로만 보았던 사람을 이제 내밀한 소망과 아픔을 가진 사람으로 보았다는 말이다. 그들은 누더기 속에 감춰진 '존귀한 인간'을 본 것이다.

무엇을 보느냐, 또 어떻게 보느냐가 우리 생의 내용과 질을 결정한다. 욕망을 따라 눈앞의 것들만 보면 우리 인생은 비루해질 것이다. 음란한 세상, 벌거벗은 욕망이 사람들을 사로잡고 있다. 세상은 점점 성적 탐닉과 과도한 소비를 부추긴다. 사람이 그의 존재와 품성으로 평가되기보다는 그가 내보이는 '기호code'로 평가되는 세상에서 사람들은 점점 자기다움을 잃고, 세상이 유인하는 대로 이끌려가기에 분주하다.

정신을 똑바로 차리지 않으면 사람답게 살기가 어렵다. 욕망에 사로잡힌 눈에는 이웃의 고통도, 하나님의 마음도 보이지 않는다. 타락이란 바로 이런 것이다. 예수는 '눈은 몸의 등불'이라 말씀하셨다. 눈이 성하면 온 몸이 밝지만 눈이 나

쁘면 온 몸이 어두워지는 법이요, 삶이 오리무중이 되고 만다는 말이다.

보기를 원하나이다

예수가 여리고를 지나가실 때 디매오의 아들인 소경 거지 바디매오가 길가에 앉았다가 "다윗의 자손 예수여 나를 불쌍히 여기소서" 하고 큰소리로 외쳤다. 사람들이 꾸짖었지만 그는 막무가내였다. 마침내 예수는 그를 불러 세우시고는 "네게 무엇을 하여주기를 원하느냐?"고 물으셨다. 그는 지체 없이 대답한다. "보기를 원하나이다." 그 간절한 소망과 믿음이 그의 눈을 뜨게 했다(막 10:46-52).

바디매오처럼 우리도 절박한 마음으로 주님께 '보기를 원한다'고 아뢰어야 한다. 간절함이 없이는 눈이 열리지 않는다. 할 수 있는 대로 모든 순간 우리의 눈빛을 주님의 눈빛에 일치시키려고 애를 쓰라. '구칙통久則通'이라 했다. 꾸준히 계속하다보면 어느 순간 열린다는 말이다. 누구를 바라보든 그 사람의 '허물'보다는 '아름다움'을 보려고 애쓰자. 어떤 사태를 만나든 그 속에 있는 '불편함'이나 '괴로움'만 보지 말고 그 일 속에 담긴 '의미'를 헤아리자.

물론 이 말은 불의에 대한 비판적 태도를 포기하라는 말이 아니다. 우리 눈이 열리면 우리는 이전과는 전혀 다른 세상을 보게 될 것이다. 엘리사의 사환처럼(왕하 6:17) 우리도 보호하시는 하나님의 손길을 보게 될 것이다. 또한 세상에 가득한 하나님의 은총에 놀랄 것이다. 그리고 이전에는 무심히 지나쳤던 이웃들의 고통을 아픔으로 바라보게 될 것이다. 이때 우리 삶은 기적이 된다. 하나님의 신비에 눈뜨고, 사랑으로 이웃을 바라보면서 그들의 아픔을 덜어주려고 마음 쓰는 일보다 더 큰 기적이 어디에 있을까? 이웃을, 그리고 피조세계를 욕망의 대상이 아니라 사랑의 대상으로 바라볼 때 우리는 눈빛이 맑은 사람, 예수를 닮은 참 사람일 수 있다.

시인 구상은 〈마음의 눈을 뜨니〉라는 시에서 이렇게 노래한다.

이제사 나는 눈을 뜬다.
마음의 눈을 뜬다.

달라진 것이라곤 하나도 없는
이제까지 그 모습, 그대로의 만물이
그 실용적 이름에서 벗어나

저마다 총총한 별처럼 빛나서
새롭고 신기하고 오묘하기 그지없다.

무심히 보아 오던 마당의 나무,
넘보듯 스치던 잔디의 풀,
아니 발길에 차이는 조약돌 하나까지
한량없는 감동과 감격을 자아낸다.

저들은 저마다 나를 마주 반기며
티없는 미소를 보내기도 하고
신령한 밀어를 속삭이기도 하고
손을 흔들어 함성을 지르기도 한다.

한편, 한길을 오가는 사람들이
새삼 소중하고 더없이 미쁜 것은
그 은혜로움을 일일이 쳐들 바 없지만
저들의 일손과 땀과 그 정성으로
나의 목숨부터가 부지되고 있다는 사실을
이제는 너무나도 실감하고 있기 때문이다.

만물의 그 시원始原의 빛에 눈을 뜬 나,
이제 세상 모든 것이 기적이요,
신비 아닌 것이 하나도 없으며
더구나 저 영원 속에서 나와 저들의
그 완성될 모습을 떠올리면 황홀해진다.

너희 눈은 너희 몸의 창문이다. 네가 경이와 믿음으로 눈을 크게 뜨면, 네 몸은 빛으로 가득해진다. 네가 탐욕과 불신으로 곁눈질하고 살면, 네 몸은 음습한 지하실이 된다. 네 창에 블라인드를 치면, 네 삶은 얼마나 어두워지겠느냐! (마 6:22-23)

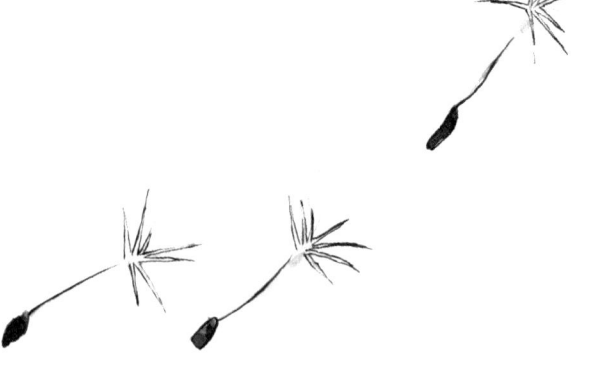

—
 '걱정도 팔자'라는 말은 생각할수록 절묘하다. 우리 사는 꼴이 꼭 그렇다. 우리는 모든 일을 걱정해야 하는 역사적 사명을 띠고 이 땅에 태어난 것처럼 산다. 느긋하고 한가로워 보이는 사람을 보면 어디 한군데쯤 풀린 사람처럼 취급하며 혀를 차는 사람도 있다. 그들은 주위 사람의 낙천적 인생관조차 재빨리 자기의 걱정거리로 삼는 타고난 걱정꾼들이다.
—

세   상   살   이

돈의 신민

"'황폐하게 하는 가증스러운 물건이 서지 못할 곳에 선 것' 을 보거든, (읽는 사람은 깨달아라) 그때에는 유대에 있는 사람들은 산으로 도망하여라"(막 13:14). 읽는 자는 깨달으라는 말에 용기를 얻어 무식한 성경 읽기를 해본다. 오늘 우리의 삶에서 멸망의 가증한 것은 무엇이고, 서지 못할 곳은 또 어디인가? '돈'이다. 물론 그렇지 않은 경우도 없지는 않다. 그럼에도 지금 세계는 '돈'을 축으로 해서 서에서 동으로 회전하고 있다. 이념도 사상도 돈을 중심으로 기우뚱거리며 돈다. '인애와 진리가 같이 만나고 의와 화평이 서로 입 맞추는'(시 85:10) 세상은 어쩌면 유토피아, 즉 세상에는 없는 곳인지도 모른다. 이렇게 이야기하면 너무 서글프다. 하지만 돈의 막

강한 힘은 싫든 좋든 우리가 외면할 수 없는 현실이다.

멸망의 가증한 것

돈은 권력이다. 하지만 아주 저급한 권력이다. 로또 복권이 불티나게 팔리고, 돈이 되는 거라면 부동산이든 증권이든 금이든 상관 않고 자본이 몰리고, 교회조차 돈 냄새 나는 곳에 기웃거리는 것도 돈의 지배를 인정하기 때문이다. '돈(?)나라' 신민臣民으로 살아가려는 이들의 슬픈 숭배 행위가 때로는 미시적인 폭력으로, 때로는 거시적인 폭력으로 나타나곤 한다. '돈의 변태적 지배', 이것이야말로 하나님의 자리를 슬그머니 차지해버린 우리 시대의 '멸망의 가증한 것'이 아닐까? 니코스 카잔차키스Nikos Kazantzakis는 《돌의 정원The Rock Garden》에서 아주 흥미로운 이야기를 들려준다.

우주의 어머니에게 아들 형제가 있었답니다. 바로 지혜의 신과 전쟁의 신이었지요. 아들 형제는 어머니의 무릎에 앉아 있었답니다.
어느 날 어머니가 말했습니다.
"이제 둘 다 내 무릎에 앉힐 수가 없구나. 우주를 한 바퀴씩 돌고 오너라. 먼저 오는 쪽이 내 무릎에 앉거라."

전쟁의 신은 자기의 준마를 타고 화살처럼 달려갔습니다. 지혜의 신은 어머니 발치에 앉아 멀어져가는 아우를 바라보았답니다. 아우가 사라지자 지혜의 신은 일어나 어머니께 절하고 어머니 주위를 세 바퀴 돌고는 무릎에 앉았더랍니다.

몇 년 뒤 전쟁의 신이 숨을 헐떡거리며 돌아와 어머니 무릎에 앉은 형을 발견했습니다. 전쟁의 신은 화를 내며 소리를 질렀지요.

"어찌하여 어머님은 형을 무릎 위에 용납하셨습니까? 형은 여기서 꼼짝도 하지 않았을 텐데요."

그러자 어머니가 대답했지요.

"아들아, 중요한 것은 우주를 도는 것이 아니고 우주의 중심을 도는 것이다!"라고.

어쩌면 우리는 지금 전쟁의 신이 탔던 말 잔등에 오른 채 얼바람 맞은 사람처럼 숨을 헐떡이고 있는지도 모르겠다. 주장하고, 행동하고, 사건을 만들고, 싸우고, 움켜쥐느라 늘 분주하지만 영혼의 항아리에 감도는 것은 늘 공허한 울림뿐이다. 미디어와 광고는 우리 속에 있는 전쟁의 신을 깨우느라 분주하고, 깨어난 전쟁의 신은 '중요한 것은 우주의 중심을 도는 것'이라는 어머니의 말씀은 들은 척도 하지 않고, 입술을 감춰문 채 바깥을 향해 분주히 달려나간다.

돈이 주는 자유

　돈은 자유인가? 그런 것 같다. 지갑이 넉넉하면 마음도 따라 푼푼해진다. 지갑이 비면 마음조차 궁이 낀다. 그러나 돈이 주는 자유는 언제나 지갑의 한계를 벗어나지 못한다. 그 자유는 그래서 늘 불안하다. 채움에 대한 강박이 그를 사로잡기 때문이다. 돈이 주는 자유는 참 자유가 아니라 유사類似 자유일 뿐이다. 문제는 유사 자유는 자유가 아니라는 데 있다. 오히려 속박이다. 뭔가를 소유하는 순간부터 우리는 그것의 노예로 전락하기 일쑤이다. 임금의 초대에 응하지 못한 사람들을 생각해보면 된다. "나는 밭을 샀으니 아무래도 나가 보아야 하겠다. 나는 소 다섯 겨리를 샀으니 아무래도 나가 보아야 하겠다. 나는 장가들었으니 가지 못하겠다." 참 자유는 포기에서 온다. 버릴 것을 버리지 못해 끝내 쓸쓸한 뒷모습을 보이며 예수에게서 멀어져간 젊은이가 생각난다.

　물론 돈은 선도 아니고 악도 아니다. 무엇이라도 될 수 있는 가능성이 있다. 그런 점에서 중립적이다. 하지만 돈은 많은 경우에 악으로 기운다. 그래서 예수도 재물을 '맘몬'이라 했다. 맘몬은 숭배를 요구하는 우상이다. 돈은 우리 삶의 우선순위 맨 윗자리를 차지하기까지 만족할 줄 모른다. 돈의 독재가 시작되면 우리는 삶의 균형을 잃고 비틀거린다. 돈벌이를 위해서 건강도, 신앙도, 신의도, 가정도 뒷전으로 미루어둘 때가 많다. 스트레스와 불안감은 이런 삶의 당연한 귀결이다. '마음대로 살지 말고 몸대로 살자'는 어느 분의 제안은 매우 신선하다. 마음을 따라 가면 몸이 지치지만 몸을 따라 가면 마음이 편안해지지 않던가? 그러나 알면서도 잘 안 된다.

필사적인 노력을 통해 돈을 더 버는 것은 가능하다. 하지만 삶의 아름다운 시간은 줄어든다. 풀꽃 앞에 멈추어 서고, 바람과 구름과 별들 그리고 새들과 눈을 맞추고, 신비로 가득 찬 이 세상을 찬찬히 살펴볼 여유조차 없이 우리는 '바쁘다'는 말을 입에 달고 경중거리는 것이다. 삶은 전쟁터가 된다. 전쟁의 신으로부터 물려받은 말을 죄어치면서 우리는 달린다. 숨차게 달리다가 긴급한 문제가 생기면 잠시 멈추어 서서 지나온 삶을 반추해보기도 하지만, 그 문제 상황이 풀리면 재빨리 돈벌이의 전쟁터로 달려나간다. 이게 우리의 자화상이다. 마귀에게 절하기를 거절해서 끝내 고난의 길을 갔던 나사렛의 젊은이는 그래서 그다지 매혹적이지 않다.

하지만 돈이 주는 쾌락은 거절하기 어려운 매력으로 다가온다. 절정의 쾌락을 억제하기 어려운 것처럼 돈의 포로들은 자기 삶의 속도를 제어하지 못하다가 결국 파탄을 맞기도 한다.

너무나 분주하게 살아가는 교인들에게 조금 천천히 살라고 하면, 그들은 대개 딱하다는 표정을 지으며 "목사님은 현실을 몰라도 너무 모른다"고 대꾸한다. 좀 덜 벌고 좀 더 규모 있게 살면 되지 않겠느냐고 하면 "그러고 싶지만 그럴 수 없는 게 세상"이라는 답이 돌아온다. 그게 세상이란다. '세상을 이긴 자'를 믿는 사람들조차 기꺼이 돈의 신민이 되는 것을 보면 안타깝다. 성경은 '돈을 사랑함이 일만 악의 뿌리'라 한다. 또 "그러나 부자가 되기를 원하는 사람은, 유혹과 올무와 여러 가지 어리석고도 해로운 욕심에 떨어집니다. 이런 것들은 사람을 파멸과 멸망에 빠지게 합니다"(딤전 6:9)라고 했다. 어쩌면 이리도 정곡을 찌르는지 모르겠다. 물건이 많아지면, 사랑의 관계는 줄어들고 존재는 피상적이 된다.

늙은 악마는 가난을 두려워한다

그러면 성도들은 가난해야 하는가? 할 수 있는 만큼 힘껏 가난을 택할 수 있으면 좋겠다. 세상에는 자발적으로 가난을 택한 사람들이 있다. 주류사회의 논리에 의하면 그들은 패배자들처럼 보인다. 하지만 그들은 이슬떨이들이다. 새벽, 아무도 걷지 않은 길을 걸어가면서 바짓가랑이를 적시는 사람들 말이다. 그들은 길을 만드는 사람들이다. 사람이 떡으로만 사는 것이 아님을 몸으로 보여주는 사람들이다. 예수의 제자들은 가난했다. 세상에 보냄을 받은 제자들은 "길을 떠나는 데는, 아무것도 가지고 가지 말아라. 지팡이도 자루도 빵도 은화도 가지고 가지 말고, 옷도 두 벌씩은 가지고 가지 말아라. 어느 집에 들어가든지, 거기에 머물다가, 거기에서 떠나거라"(눅 9:3-4)는 명령을 받았다. 오늘의 교회들은 이 말씀을 외면한다. 한 마디로 이 말씀은 인기가 없다. 교회가 큰일을 하려면 돈이 많아야 한다는 게 많은 이들의 생각이다. 예수가 지금 우리 곁에 오신다면 세월이 달라졌으니까 내 지난날의 가르침을 수정하겠다고 하실까 궁금하다.

인도 사람 사티쉬 쿠마르는 세계 평화를 위협하는 핵무기 보유국들을 도보로 순례하면서 반핵운동을 벌이기로 작정하고 스승인 비노바 바베를 찾아갔다. 스승은 제자의 장도를 축하하면서 두 가지를 당부했다. 채식을 실천하라는 것과 일체의 돈을 가져가지 말라는 것이었다. 사티쉬 쿠마르는 스승의 당부대로 했다. 무일푼인 그는 어느 곳에 가든 호텔이 아닌 마음이 따뜻한 사람을 찾게 되었다. 그는 자기의 능력이나 방법을 의지할 수 없었다. 철저한 수동성 속에서 이전에는 미처 경험하지 못했던 인류의 온기를 느낄 수 있었다.

예수는 십자가 위에서 두 팔을 벌린 채 완전히 무력해지심으로 세상을 구원하셨다. 그는 또한 베드로에게도 "네가 젊어서는 스스로 띠를 띠고 네가 가고 싶은 곳을 다녔으나, 네가 늙어서는 남들이 너의 팔을 벌릴 것이고, 너를 묶어서 네가 바라지 않는 곳으로 끌고 갈 것이다"(요 21:18)라고 하셨다.

어디로 넘어져도 부드러운 데로 넘어질 수 있도록 방에 빈 틈없이 방석을 깔아놓은 사람들은 들으시라. 악마는 의도적으로 풍족한 데를 따라 다닌다. 악마는 좋은 잠자리 곁에 있기를 좋아한다. 필요치 않는 곳에 이런 잠자리가 있거나 혹은 이를 금하는 수도생활에 편한 잠자리가 있으면 악마는 그 곁에 있기를 더 좋아한다. 늙은 악마는 가난한 자와 관계하는 것을 질색하며, 극도의 가난을 두려워하기 때문에 알몸이 된 사람을 피한다.

프란체스코의 이런 가르침은 부하기를 구하는 우리 삶의 기초를 뒤흔들어놓는다. '하나님으로부터 살 것인가' 아니면

'돈으로 살 것인가?' 섬김의 문제에 관한 한 어중간한 길은 없다. 그것은 양자택일의 문제이다. 진리에 어섯 눈뜬 우리들은 돈과 하나님 사이에서 한없이 흔들린다. 하지만 어머니 주위를 몇 바퀴 돌고는 그 무릎 위에 앉은 지혜의 신처럼 우리도 '중심'이신 하나님께로 자꾸만 돌아가야 한다. 그 길에는 '나눔'이라는 포석이 깔려 있다.

너희는 한꺼번에 두 신을 예배할 수 없다. 결국 한 신은 사랑하고 다른 신은 미워하게 될 것이다. 한 쪽을 사모하면 다른 쪽은 업신여기게 마련이다. 너희는 하나님과 돈을 둘 다 예배할 수 없다(마 6:24).

—
삶의 중심

—

연말 연초가 되면 스포츠 신문들은 어떤 선수가 구단과 얼마에 계약했다는 이야기를 종종 전한다. 당사자들에게는 그게 굉장히 중요한 일이지만 따지고 보면 우리가 꼭 알아야 할 내용은 아니다. 그런데도 사람들은 거기에 관심이 많다. 어떤 선수들은 자기가 국내에서 최고의 몸값을 받아야 한다고 버티기도 한다. 자본주의 사회에서는 누가 얼마를 받느냐가 그 사람의 가치를 결정하기 때문이다. '몸값'이라는 말은 어찌 보면 대단히 굴욕적인 표현일 수도 있는데, 사람들은 별 저항감 없이 이 용어를 사용한다. 연예인들도 마찬가지이다. 누가 무슨 영화에 출연하는데 얼마를 받았다더라, 누구는 광고 한 번 찍고 얼마를 받았다더라, 누구는 음반 한

장으로 얼마를 벌었다더라, 많은 젊은이들이 감탄사를 연발하며 '나도 한번 떠봐야겠다' 하면서 구름을 타고 논다.

물질 성공시대

1990년대에 동구권 사회주의 국가들이 무너졌을 때, 사람들은 자본주의의 승리를 소리 높여 외쳤다. 돈이 주인이 되는 사회가 바야흐로 도래한 것이다. 물론 돈이 사람들을 사로잡은 지는 이미 오래지만, 그래도 돈 아닌 다른 가치가 소중하다고 명목상으로나마 외치는 세력이 무너지고 돈은 이제 우리 사회에서 유일신처럼 군림하고 있다. 젊은 대학생들도 주식매장을 기웃거리고, 학교 앞 PC방은 주식 시세를 확인하려는 학생들로 늘 만원이다. 그래서 스톡홀릭stock-holic이라는 신종 단어까지 나오게 되었다.

매스컴들도 이런 세태를 부추긴다. 예전에 〈성공시대〉라는 텔레비전 프로그램이 있었다. 가난과 역경을 딛고 일어서 부와 명예를 획득한 사람들의 이야기를 재구성해 보여주는 프로그램이다. 사실 여기에 등장하는 '성공한 인물들(?)'에게는 배울 것이 무척 많다. 그들은 한결같이 성실, 근면, 불굴의 투지, 창의력을 가진 사람들이다. 하지만 이 프로그램은 왠지 공허하다. 꼭 부를 획득하고, 명예를 얻고, 박사학

위를 받아야 성공한 거냐는 의문이 떠오르기 때문이다. 섬김의 삶을 위해 자발적으로 가난을 선택한 사람들, 건전한 노동으로 하루하루 성실하게 먹고 사는 보통 사람들, 생의 악조건을 무릅쓰고 인간다움의 꽃을 피운 사람들…. 이들은 성공과는 거리가 먼 사람이란 말인가?

이 시대의 많은 젊은이들이 병든 사회를 비판적으로 바라보면서, 대안을 모색하려는 열정보다는 병든 사회에 길들여지기를 택한다. 여기서 이 시대의 위기를 본다. 물질에 집착하다 보면 근본을 잃게 마련이다. 옛말에 완물상지玩物喪志요, 완인상덕玩人喪德이라 했다. 물건을 좋아하면 뜻을 잃게 되고, 사람을 지나치게 좋아하다보면 덕을 잃게 된다는 말이다. 부정한 뇌물을 받아서 사람됨의 근본을 버린 사람, 사사로운 정리 때문에 의를 저버려서 패가망신한 사람들을 보면서도 우리는 '물질'과 '사람'에 대한 집착을 버리지 못한다. 재산을 잃고 나면 어쨌든 살아야 하니까 '에잇, 까짓 것 없는 셈치지!' 하지만, 돌아서서는 '아이고, 그게 어떤 돈인데' 한다. 그러니 인생이 복잡해질 수밖에 없다. "어떻게 지내세요?" 하고 물으면, 체면치레로 그저 "덕분에 잘 지냅니다" 하고 대답할 뿐, 단순하게 "행복합니다" 하는 사람은 거의 없다. 왜 이 지경이 되었을까? 전도서 기자는 이렇게 진단한다.

다만 내가 깨달은 것은 이것이다. 하나님은 우리 사람을 평범하고 단순하게 만드셨지만, 우리가 우리 자신을 복잡하게 만들어 버렸다는 것이다(전 7:29).

누가 복잡하게 만든 게 아니라, 우리들 자신이 삶을 복잡하게 만들었다. 행복하기를 원하는가? 그렇다면 담쟁이덩굴처럼 우리 삶을 뒤덮어버린 삶의 곁가지들을 잘 드는 낫으로 툭툭 쳐내라. 우리 사는 꼴을 한번 돌아보라. 우리는 정말 많은 것을 가지고 산다. 꼭 있어야 할 것이 아니라 없어도 좋을 것을 끌어안고 있다. 버리기엔 아깝고 남 주기엔 떨떠름하고 가지고 있자니 별 소용은 없고.

삶의 순서 바꾸기

요즘 들어 영성spirituality이라는 말이 유행하고 있다. 영성은 쉬운 말이 아니다. 하도 사람들이 영성이 뭐냐 물어서 나는 기가 막힌 답 하나를 찾았다. "'영성靈性'은 '영성零性'이에요." 알쏭달쏭한 이야기에 사람들은 다시 한 번 묻는다. "그게 무슨 소리예요?" "자기를 텅 비워 영zero에 가깝게 다가가는 사람일수록 영성이 깊어지는 겁니다. 날마다 자기 속을 깊이 들여다보면서 버려야 할 것은 버릴 줄 아는 사람이 곧 영성가입니다. 남에 대한 원망, 과다한 욕망, 시새움, 집착…. 영성가는 그런 것들로부터 괴롭힘을 당하지 않는 사람을 말하는 거예요."

말이 그렇지 다 비우며 산다는 게 결코 쉬운 일이 아니다. 그래서 예수는 우리에게 아주 단순한 진리 하나를 가르쳐주셨다. "먹을 것, 마실 것, 입을 것에 대한 집착을 여의는 길은 하나밖에 없다. 구해야 할 것을 먼저 구하라. 먼저 그의 나라와 그의 의를 구하라!"

삶의 초점을 하나님나라와 의에 맞추고 살면 내적인 진실이 생기고, 그 진실 때문에 나머지가 올바른 순서에 놓이게 된다는 것이다. 삶이 복잡한 까닭은 삶의 순서가 뒤죽박죽되었기 때문이다. 우리는 사리私利를 위해 대의大義를 버릴 때가 많다. 믿음이란 하나님의 일을 위해 자기를 내놓는 것이다. 마리아는 "주의 계집종이오니 말씀대로 내게 이루어지이다"라고 말했다. 나귀 주인은 예수의 예루살렘 입성을 위해 기꺼이 자신의 나귀를 내놓았다. 바울은 "사나 죽으나 나는 주의 것"이라 했다. 이들은 모두 믿음의 영웅들이다.

돌아서라. 삶의 순서를 바꿔라. 먼저 구해야 할 것을 먼저 구하라. 이것이 참 생명의 길이다. 이것이 잃어버렸던 삶의 중심을 찾는 길이다. 삶을 단순하게 만드는 비결이다. 노자는 《도덕경》 28장에서 '부귀어박復歸於樸'이라 했다. '통나무로 돌아가라'는 말이다. 우리 삶은 마치 통나무를 이렇게 저렇게 쪼개고 다듬어서 만든 그릇과 같은데, 그 본바탕으로 돌아가라는 말이다. 그러면 어떻게 해야 돌아갈 수 있을까?

1. 고독에 처하기를 두려워 말자. 우리는 고독이 두려워 패거리를 만들고, 틈만 나면 그들 속에 숨어 자기를 잊으려 한다. 자기 속에 사막의 고요함을 만들 줄 알아야 하나님께로 돌아갈 수 있다.

2. 우리를 굳게 붙잡고 놓아주지 않는 것들을 멀리하자. 그것은 술과 담배일 수도 있고 책일 수도 있다. 텔레비전에 시종 눈을 박고 사는 이들도 있다. 그것들로부터 의도적으로 멀어지려고 애쓰다 보면, 어느 결에 우리 삶이 한결 단출해져 있음을 알게 될 것이다.

3. 우리가 가지고 있는 것을 남에게 주기를 연습하자. 물건이 줄어들수록 삶은 가벼워질 것이고, 대신 벗을 얻게 될 것이다.

4. 자연 속에 머무는 시간을 확보하라. 삶이 아무리 바빠

도 대지 위를 걷고 온갖 피조물들의 소리에 귀를 기울이기 위해 시간을 만들자.

 무엇을 삶의 중심으로 삼고 사는가? 낚시 바늘 주변을 맴도는 물고기처럼 '돈'과 '출세'의 주변을 맴돌며 살고 있지는 않는가? 하나님나라와 그의 의를 삶의 중심으로 삼아라. 시간의 중심을 주님께 바쳐라. 물질의 중심을, 계획의 중심을 주님께 드려라. 즐기는 일을 위해서는 아낌없이 시간을 바치고 물질을 사용하면서도 하나님의 일을 위해서는 인색하다면 곤란하다. 주님은 지금 우리 삶의 중심에 서기를 원하신다. 지금도 주님은 우리의 마음 문을 두드리신다. 문을 열어 맞아들여라. 이것이 복의 비결이다.

너희가 하나님께만 예배하는 삶을 살기로 결심하면, 식사 때 식탁에 무엇이 오르고 옷장에 있는 옷들이 유행에 맞는지 따위로 안달하며 설치지 않게 된다. 너희 삶은 뱃속에 넣는 음식이 전부가 아니며, 너희의 겉모습도 몸에 걸치는 옷이 전부가 아니다. 새들을 보아라. 얽매일 것 없이 자유롭고, 업무에 속박되지 않으며, 하나님이 돌보시니 염려가 없다. 그분께 너희는 새들보다 훨씬 더 중요하다. 거울 앞에서 설친다고 해서 키가 단 1센티미터라도 커진 사람이 있더냐? 유행을 따르느라 버린 돈과 시간이 그토록 많지만, 그렇다고 크게 달라지는 것 같더냐? 옷을 볼 것이 아니라 들판에 나가 들꽃을 보아라. 들꽃은 절대로 치장하거나 옷을 사들이는 법이 없지만, 너희는 여태 그런 색깔이나 디자인을 본 적이 있느냐? 이 나라의 남녀 베스트드레서 열 명이라도 그 옆에 서면 초라해 보인다(마 6:25-29).

내일의 염려

'걱정도 팔자'라는 말은 생각할수록 절묘하다. 우리 사는 꼴이 꼭 그렇다. 우리는 모든 일을 걱정해야 하는 역사적 사명을 띠고 이 땅에 태어난 것처럼 산다. 느긋하고 한가로워 보이는 사람을 보면 어디 한군데쯤 풀린 사람처럼 취급하며 혀를 차는 사람도 있다. 그들은 주위 사람의 낙천적 인생관조차 재빨리 자기의 걱정거리로 삼는 타고난 걱정꾼들이다. 그런데 그들은 행복한가?

   희랍인들은 사람이 죽으면, 몸은 본래의 질료인 흙으로 돌아가고 혼은 본래의 주인인 신에게로 돌아간다고 믿었다. 살아 있는 동안 사람을 지배하는 것은 '염려'란다. 그런데 사람에 대한 '염려'의 지배권을 확인해준 것은 '시간'이다. 태어남과 성장, 노쇠와 소멸이 반복되는 시간 속에서 살아가는 존재는, 특히 자기의식을 가지고 살아가는 사람은 염려를 벗기 어렵다. 그림 형제가 펴낸 《그림동화》에 나오는 '찔레꽃 공주'는 물레 바늘에 찔려 백 년 동안 잠 속에 빠져든다. 공주의 잠은 온 성에 퍼져 모두가 깊은 잠에 빠진다. 파수병은 창을 든 채, 말 탄 병사는 말을 탄 채, 고양이는 쥐를 잡다 말고, 아궁이의 불까지도 타고 있던 모양 그대로 멈춘다. 깊은 잠 속에 빠져든 그 성은 시간이 소거된 공간이다. 그곳에는 당연히 '염려'가 없다.

걱정의 먹구름

그런데 우리는 왜 그렇게도 열심히 걱정하는 것일까? 걱정거리가 많으니까. 정답인 듯 보이지만 정답은 아니다. 오히려 정답의 근사치는 우리가 걱정하는 존재가 되었다는 사실일 것이다. 우리 마음은 이리저리 찢겨 있다(分心). 여백이 없다. 자기 삶의 근거를 바깥에서 찾기 때문이다. 그렇기에 외부의 반응에 민감하다. 단쇠처럼 들뜬 마음은 작은 충격에도 매우 취약하다. 물을 머금지 못하는 박토처럼 작은 시련 앞에서도 좌절감을 맛본다. 자기를 지키려니 외부를 향해 벌컥 화를 잘 낸다(忿心). 하지만 마음이 하나로 통합된 이들은 웬만한 충격에도 흔들리지 않는다. 그들은 자기 삶의 근거를 안에서 찾는다. 누가 칭찬을 한다고 해서 망자존대妄自尊大하는 일도 없고, 누가 비난을 한다고 해서 살맛을 잃고 얼굴이 파리해지지도 않는다. 그들에게 근심이 있다면 오직 자기답게 살지 못하는 것뿐이다.

    예수는 걱정이라는 '먹구름'을, '지붕 덮은 쇠 항아리'를 하늘로 알고 사는 사람들에게 그 걱정의 먹구름을 걷어내라고, 그 쇠 항아리를 깨뜨리라고 말한다. '티 없이 맑은 영원의 하늘'이 여기 있는데 왜 그 모양으로 사냐고 질책한다. 하지만 시간 속에서 살아가는 한 우리는 걱정을 벗기 어렵다. 항상 뭔가를 선택하지 않을 수 없기 때문이다. 어느 하나를 택한다는 것은 다른 가능성을 포기하는 것이기에 선택에는 늘 고뇌가 뒤따른다. 이게 참 미묘하다. 남의 떡이 더 커 보여 내 것을 버리고 나면 갑자기 내 떡이 더 아름다워 보인다. 어쩌면 사람은 죽을 때까지 '건너편 언덕(對岸)'만 동경하다가 자기가 발을 딛고 선 땅의 아름다움을 한 번도 보지 못한 채 죽는 것은 아닌지 모르겠다. 공간으로서의 건너편 언덕뿐만 아니라, 시간의 건너편 언덕인 내일 혹은 미래도 '오늘'을 창조적으로 살지 못하도록 우리 영혼에 족쇄를 채우지 않던가.

"내일 일을 걱정하지 말아라. 내일 걱정은 내일이 맡아서 할 것이다." 이 말은 걱정 그 자체를 그만두라는 말이라기보다는, 내일에 대한 염려 때문에 오늘을 살지 못하는 어리석음을 경계하라는 말씀이 아닌가 싶다. 인생이란 '오늘'이 모여서 이룬 흔적이자 실체이다. 세심하게 점을 찍어 형체를 만들어내는 점묘법 화가들처럼 우리는 오늘이라는 점 하나를 정성스럽게 찍어야 한다. 정성스럽다는 말은 자기를 온전히 그 속에 담는다는 말이고, 시간을 들인다는 말과 통한다. 정성껏 먹고, 정성껏 만나고, 정성껏 공부하고, 정성껏 사랑하는 것이야말로 거룩함으로 가는 길이 아닐까. 우리가 어떤 일을 건성으로 한다면 아름답고 거룩한 삶은 기대하기 어렵다. 야구 선수가 쉽게 처리할 수 있는 공을 놓치는 것은 그의 마음이 현재에 충실하지 못한 채, 다음 순간으로 지레 미끄러져 들어갔기 때문이다. 우리는 그런 실수를 범한 야구 선수를 책망할 입장이 못 된다. 우리의 살림살이가 그러한 시간 속의 미끄러짐으로 점철되어 있기 때문이다.

내일 걱정은 내일에 맡겨라

걱정하면 할수록 걱정이 줄어들고, 근심하면 할수록 생의 무게가 가벼워진다면, 그래서 티 없이 맑은 하늘을 볼 수 있다면 예수는 어쩌면 열심히 걱정하라고 우리를 격려하셨을지도 모르겠다. 하지만 걱정은 하면 할수록 커진다. 근심의 무게도 마찬가지이다. 옛 사람들이 보았다던 어처구니 도깨비는 마음이 만든 허상이 아니던가? 막상 부딪쳐보면 별 것도 아닌 고통도 미지의 문설주 뒤에 몸을 숨기고 있을 때는 막강한 것으로 보인다. 이게 다 마음이 지어내는 일이다. 세상에서 자기 마음의 주인이 되어 살아가는 사람은 많지 않다. 대개는 변덕스런 마음의 부림을 당한다. 마음의 부림에 시달리는 사람들은 허무에 빠지거나 냉소주의나 비관주의에 빠진다. '내일 죽으리니 먹고 마시자'(사 22:13)는 케세라세라 식의 인생관을 가지고 즐겁게 사는 듯이 보이는 사람도 자기의 생에 대한 근본적 신뢰를 잃고 있는 경우가 허다하다. '다 잘 될 거야'라며 스스로를 다독이는 사람도 알고 보면 현실에 직면할 용기가 없어 원망사고願望思考 속으로 도피하는 것일 수도 있다. 살아 있는 한 어느 누구도 가볍지 않다.

나는 내가 항상 무겁다,
나같이 무거운 무게도 내게는 없을 것이다.

나는 내가 무거워

나를 등에 지고 다닌다,
나는 나의 짐이다.

맑고 고요한 내 눈물을
밤이슬처럼 맺혀보아도,
눈물은 나를 떼어낸 조그만 납덩이가 되고 만다.

김현승 시인의 〈鉛〉이라는 시이다. '나는 나의 짐'이라는 시인의 고백이 참 가슴 아리게 다가온다. 시인은 이 시의 마지막 연에서 "나는 내 영혼인 줄 알고/ 그만 납을 삼켜버렸나 부다" 하고 탄식한다. 오직 스스로의 노력으로만 자기로부터 벗어나려고 한다면 우리의 탄식은 멈추지 않을 것이다.

생의 짐이 무거워 허덕이는 우리에게 예수는 새로운 길을 가리켜 보인다. "너희는 먼저 하나님의 나라와 하나님의 의를 구하여라." 지당하신 말씀이다. 우리는 자기 염려에 사로잡혀서 가장 인간적인 진실을 외면할 때가 많다. 이런저런 걱정에 눈이 멀어 하나님의 초대에 응하지 못한다면 비극이 아닌가. 상처입고 학대받은 이들을 사랑으로 감싸 안고, 척박한 역사를 샬롬의 새 세상으로 만들기 위해 노력하지 않는 한 우리가 일상적으로 느끼는 비애는 사라지지 않을 것이다. 하지만 이 말은 당장 고픈 배를 부여잡고 서러움의 눈물을 삼키며 잠을 청하는 이에게는 배부른 자의 헛소리처럼 들릴 수도 있다. 그래서인가? 많은 이들이 이 말씀 앞에서 허둥거린다. 때로는 마음속에 일고 있는 동요를 숨기지 못한 채, '내가 걱정하지 않으면 대체 누가 나 대신 걱정해주느냐?'고 항변한다. 이 말씀의 비현실성을 공박함으로써 하나님 중심으로 살지 못하는 자기 삶을 정당화하려는 것이다. 그러고는 걱정이라는 쇠 항아리 지붕 아래로 재빨리 돌아간다. 그런 이들은 대개 먹을 것과 입을 것이 넉넉한데도 말이다. 걱정도 팔자라는 말은 이 대목에서 더욱 빛을 발한다.

여기서 우리는 다시 한 번 "내일 일을 걱정하지 말라"는 말씀 앞에 선다. 이 말은 무슨 뜻인가? 제 힘으로 살지 말고 은혜로 살라는 말이다. 물론 이 말은 아무 일도 하지 말고 그저 기다리고만 있으라는 뜻이 아니다. 삶의 중심을 바꾸라는 말이다. 제 힘으로 시간과 맞서 싸우는 사람이 거두게 되는 것은 스트레스와 두려움이다. 그에게 인생은 투쟁이다. 하지만 하나님의 사랑과 은혜에 대한 깊은 신뢰 속에서 살아가는 이들은 평안의 열매를 거둔다. 그에게 인생은 선물상자와 같다. 좋은 일만 일어난다는 말이 아니다. 이해할 수 없는 하나님의 침묵 앞에서도 끝내 자기의 영혼을 아버지에게 맡겼던 예수처럼 우리도 그분을 철저히 신뢰한다면, 하나님의 은혜 밖에서 일어나는 일은 없다. 신뢰하는 사람은 모래를 걸러 금을 얻는 사람들처럼 인생의 온갖 경험들을 믿음의 체로 걸러 보화를 얻는다. 믿음의 사람은 만사형통의 복을 누리는 사람이 아니라, 자기가 경험하는 모든 일 속에서 하나님의 선물을 찾아낼 줄 아는 사람이다. 내일에 대한 염려는 신뢰의 부족에서 기인하는 것이다.

하나님께서 밤하늘에 총총한 별들을 보여주면서 "너의 자손이 저 별처럼 많아질 것"(창 15:5)이라고 약속하셨을 때 아브라함은 "주님을 믿었다." '주님을 믿었다'는 말의 문자적인 뜻은 하나님 안에 자기를 단단히 맸다는 뜻이라 한다. 하나님의 마음에 자기를 붙들어 매고 살아가는 사람은 걱정과 근심의 파도에 떠밀리지 않는다. 그렇기에 '지금 여기'의 삶에 정성을 다한다. 정성은 시간을 영원에 비끄러매는 도구이다. 그래서 그의 현재는 영생으로 이어진다. "내일 걱정은 내일이 맡아서 할 것이다." 이것이 그의 낙관주의의 토대이다.

하나님께서 바로 지금 하고 계신 일에 온전히 집중하여라. 내일 있을지 없을지도 모르는 일로 동요하지 마라. 어떠한 어려운 일이 닥쳐도 막상 그때가 되면 하나님께서 감당할 힘을 주실 것이다(마 6:34).

정죄와 심판

좀 오래전 일인데, 이란의 샴쌍둥이 자매 랄레와 라단이 분리 수술 도중 죽었다는 소식이 전 세계에 알려졌다. 방송 진행자가 되고 싶었던 랄레와 변호사로 성공하고 싶었던 레단, 이들 자매의 꿈은 이제 세월의 강물에 잠기고 말았다. 머리가 붙은 채로 태어나 둘인 하나로, 하나인 둘로 살아왔던 그 서럽고 고단한 생의 여정이 끝난 것이다. "신의 뜻은 더 나은 세상에서 자유롭게 살라는 것이었다"고 말하며 흐느끼는 아버지의 오열을 뒤로 한 채 그들은 평소의 소망대로 각자 다른 곳에 묻혔다. 그들은 행복할까? 속된 질문이 아픔 속에서 떠오른다. 이즈음에 엉덩이가 붙어 있던 한국의 샴쌍둥이 자매 사랑이와 지혜는 다행히도 분리 수술에 성공해서 처음으로 서로의 얼굴을 바라볼 수 있게 되었다. 서로의 얼굴을 바라볼 수 있다는 사실이 얼마나 소중한 일인지를 그들을 통해 배운다. 아이들의 몸은 이제 분리되었지만 그들의 영혼 속에서 '사랑'과 '지혜'는 늘 하나였으면 좋겠다.

때때로 우리 삶이 샴쌍둥이를 닮았다는 생각이 들 때가 있다. 사랑과 미움, 거룩함과 속됨, 용기와 비겁, 부드러움과 딱딱함, 불멸과 소멸의 공속, 이것이 우리 삶의 실상처럼 보이기 때문이다. 이 대립항들은 어쩌면 생이 다하는 순간까지도 분리해내기 어려운 표리관계인지도 모르겠다. 노아의 방주에 승선하기 위해서는 모든 것이 짝을 지어야 했던 것처럼, 추수 때까지 밀과 가라지가 함께 자라도록 내버려두어야 하는 것처럼, 자기모순 속에서 살아감이 무에서 빚어진 존재의 어쩔 수 없는 한계가 아닌지….

행동으로 존재를 판단하지 마라

그렇다면 잘 산다함은 우리 속에 있는, 혹은 역사 속에 나타나는 대립과 갈등을 조화시킬 줄 아는 것이 아니겠는가? 제 아무리 정교한 칼 솜씨를 자랑하는 포정庖丁이라 해도 선과 악을 두부 모 자르듯 갈라놓을 수는 없을 터이니 말이다. 인간사에는 절대적인 옳음도 절대적인 그름도 없지 않은가.

하지만 우리의 일상은 그렇지 못하다. 우리는 하루에도 수십 번, 어쩌면 수백 번씩 현실을 재단하고 사람들의 값을 매긴다. 선무당 사람 잡듯 판단의 칼날을 마구 휘둘러 스스로 상처를 입기도 하고, 다른 이에게 돌이킬 수 없는 상처를 입히기도 한다. 맘에 드는 사람과 싫은 사람, 기분 좋은 일과 나쁜 일, 그리고 옳고 그름을 가르는 것이 거의 습관적이라 할 정도이다. 물론 몸을 가지고 살면서 시비와 곡직을 가리지 않을 수는 없다. 참답게 살아가기 위해서는 오히려 시비와 곡직을 판단할 만한 예리한 식견을 갖추어야 한다. 하지만 문제는 그러한 판단이 기초하고 있는 자의성이다. 옳고 그름의 기준이 변덕스러운 '나'가 될 때 진실은 자취를 감춘다.

우리가 누군가를 비난하는 것은 그가 전적으로 잘못했기 때문이 아니라, 그의 행태行態가 나의 감정을 상하게 하였기 때문인 경우가 많다. 누군가를 비난하는 심리의 이면에는 알게 모르게 그의 행동을 자의적으로 조종하고 싶은 권력욕이 있다. 예수는 그런 우리에게 도무지 심판하지 말라고 한다. 옳고 그름에 눈감으라는 말이 아니다. 어중간한 중간을 취함으로 다른 이의 공격으로부터 스스로를 지키라는 처세훈도 아니다. 예수에게는 애당초 지켜야 할 '자기'가 없지 않은가. 그렇다면 이 말은 우리에게는 다른 이의 행동이나 존재를 결정적으로 판단하고 정죄할 자격이 없음을 알라는 말이 아닐까? 물론 어떤 개별적인 행위에 대해 옳고 그름을 가리는 일이야 필요하다. 그것이 이기적인 자아가 아니라 진실에 기초하고 있다면 말이다. 하지만 어떤 경우에도 개별적인 행태들이 그의 존재 전체에 대한 판단의 근거로 활용되어서는 안 된다. 사람의 마음은 '천사와 악마의 투기장'이라지 않던가? 때로는 천사가 승리하기도 하지만 악마가 승리를 거둘 때도 있는 것이 우리 삶이다. 설사 그의 행동이 악에 치우칠 때가 많다 해도 그것이 곧 그의 존재는 아니다.

팔을 내밀어 끌어안아라

예수는 모든 판단과 비판을 금하는 것이 아니라, 한 존재에 대한 미움과 멸시에서 비롯되는 판단을 금하신다. 건전한 비판은 꼭 필요한 일이다. 비판 없이는 큰 정신이 나올 수 없지 않은가. 유약해진 정신들만이 비판을 두려워한다. 우리가 취하고 있는 삶의 방식이나 입장에 대한 질정叱正이 없다면 정신은 높은 곳을 향해 나갈 수 없다. 그러면 모든 건전한 비판 또는 이성적인 판단은 좋은 것인가? '모든' 비판이 다 좋은 것은 아니다. 한 존재에 대한 사랑과 존경이 담기지 않은 비판은 종종 그의 '에고'를 더욱 강화시키는 방향으로 작용하기 쉽다. 듣기 좋은 말도 지나치면 독이 되는 법이다. 생명이 자라기 위해서는 적당한 온도가 필요하듯이 새로운 존재 혹은 역사는 사랑이라는 품에서만 태어난다. 오지랖은 넓지만 팔이 짧은 게 문제이다. 시인 김지하는 〈사랑〉이라는 시에서 이렇게 노래했다.

누굴 보듬어 안을 만큼
팔이 길었으면 좋겠는데
팔이 몸통 속에 숨어서
나오기를 꺼리니
손짓도 갈고리마저 없이
견디는 날들은 끝도 없는데
매사에 다 끝이 있다 하니
기다려 볼 수밖에
한 달 짧으면
한 달 길다 했으니
웃을 수밖에
커다랗게 웃어
몸살로라도 다가가

팔 내밀어 보듬어 볼 수밖에.

몸통 속에 숨은 팔을 끄집어내야 할 일이다. 좌우로 갈리고, 이해타산에 따라 갈리고, 경쟁에 지쳐 안으로 오그라든 팔을 내밀어 다른 이의 삶을 무작정 끌어안는 연습을 해야 한다. 사람들이 삶에 지칠 때 하늘을 바라보는 이유는 무엇일까? 모두를 하나로 감싸 안는 크고 텅 빈 가슴이 그곳에 있기 때문이 아닐까?

간음하다 현장에서 잡혀온 여인을 앞에 두고 바리새파 사람들은 기세가 등등하여 예수께 묻는다. "선생님, 이 여자가 간음을 하다가, 현장에서 잡혔습니다. 모세는 율법에 이런 여자들을 돌로 쳐서 죽이라고 우리에게 명령하였습니다. 그런데 선생님은 뭐라고 하시겠습니까"(요 8:4-5). 이 질문은 양날의 칼과 같아서 어느 쪽을 택하든 상처를 입게 마련이다. 하지만 그들은 잘못 생각했다. 깨어 있는 사람을 시험하거나 함정에 빠뜨릴 수는 없는 법이다. 대답을 다그치는 그들에게 예수는 말한다. "너희 가운데서 죄가 없는 사람이 먼저 이 여자에게 돌을 던져라"(요 8:7). 이 말에 담긴 함의는 자기에게 죄가 없을 때에만 죄를 판결할 수 있다는 말이 아니겠는가. 예수의 말은 그 여인을 향했던 그들의 마음이 자기 자신들을 향하도록 했다. 그러고는 몸을 굽혀서 땅에 무엇인가를 썼다. 그 글귀가 무엇이든 이제 남은 자들은 자기의 어둠을 직면할 수밖에 없었다.

만일 예수가 분노에 이글거리는 눈길로 그들을 노려보면서 그런 말을 했다면 그들의 에고는 강화되었을 것이다. 나이가 많은 이로부터 시작하여 하나하나 그 자리를 떠나고 마침내 홀로 남게 되었을 때 예수는 몸을 일으켜 여인을 향한다. 그리고 조용히 묻는다. "여자여, 사람들은 어디에 있느냐? 너를 정죄한 사람이 한 사람도 없느냐?" 여인이 한 사람도 없다고 대답하자 이윽고 말씀하신다. "나도 너를 정죄하지 않는다. 가서, 이제부터 다시는 죄를 짓지 말아라." 예수는 그녀를 비난하지도 않았고, 정죄하지도 않았다. 그런데도 그 여인은 새로워졌다.

하나님은 말씀으로 세상을 지으셨다. 또 말씀은 육신이 되어 우리 가운데 거하셨다. 말이 씨가 된다는 말이 있다. 사랑을 심으면 사랑이 자라나고, 미움을 심으면 미움이 자라난다. 사랑이 담긴 말을 심으면 창조적 삶의 열매가 맺힌다. 무심코 던진 말 한마디가 돌이킬 수 없는 비극을 낳는 경우를 우리는 종종 본다. 그 반대도 마찬가지이다. 거짓말, 왜곡, 터무니없는 비난은 말할 것도 없거니와 애정이 담기지 않는 말도 역시 생명을 억압한다. 인간의 모듬살이에 대립과 갈등이 없을 수는 없다. 하지만 대립과 갈등을 넘어 화해를 지향하는 것이 인간다움이 아니겠는가? 치열한 대립 속에서도 '너'에게로 건너갈 수 있는 다리는 어떠한 경우에도 끊지 말아야 한다. 그 다리의 이름은 '사랑'이다. 정죄나 심판은 사랑과 소통의 거부이며 포기이다. 그것은 자기 속에 머물겠다는 애집이며, 다른 이에게로 이행해가면서 함께 성장하기를 거부하는 것이다.

예수는 엄중하게 경고한다. "너희가 남을 심판하는 그 심판으로 하나님께서 너희를 심판하실 것이요, 너희가 되질하여 주는 그 되로 너희에게 되어서 주실 것이다"(마 7:2). 어쩌면 이 말은, 신은 우리가 이웃을 바라보는 그 눈으로 우리를 보신다는 말일 것이다. 자기의 눈에 있는 들보는 보지 못하면서 이웃의 눈에서 티끌을 찾는 우리들이다. 이웃의 눈에서 티끌보다 아픔과 눈물을 볼 때 우리는 비로소 함께 살아감의 기쁨을 맛볼 수 있다. 비록 마음에 들지 않는다 해도, 몸살로라도 다가가 팔 내밀어 보듬어보자. 심판하기를 그만둘 때 우리 팔은 길어진다. 비록 모든 것을 품을 만큼 충분히 길지는 않다 해도, 매사에 다 끝이 있다지 않은가. 한 달, 일년, 아니 생이 다하는 날까지라도 팔을 벌리면 우리는 어느 새 하늘에 안겨 있지 않을까?

사람들의 흠을 들추어내거나, 실패를 꼬집거나, 잘못을 비난하지 마라. 너희도 똑같은 대우를 받고 싶지 않거든 말이다. 비판하는 마음은 부메랑이 되어 너희에게 돌아올 것이다. 네 이웃의 얼굴에 묻은 얼룩은 보면서, 자칫 네 얼굴의 추한 비웃음을 그냥 지나치기 쉽다. 네 얼굴이 멸시로 일그러져 있는데, 어떻게 뻔뻔스럽게 '내가 네 얼굴을 씻어주겠다'고 말하겠느냐? 이 또한 동네방네에 쇼를 하겠다는 사고방식이며, 자기 역할에 충실하기보다는 남보다 거룩한 척 연기를 하는 것이다. 네 얼굴의 추한 비웃음부터 닦아내라. 그러면 네 이웃에게 수건을 건네줄 만한 사람이 될지도 모른다 (마 7:1-5).

세상에서 가장 소중한 대접

가까운 선배가 안부 전화를 해왔다. 별일 없느냐는 안부가 오간 후에 나는 마치 옆구리에 칼을 들이대듯 느닷없는 요구를 했다.

"나 이번에 황금률 가지고 글을 쓰려고 하는데 뭐 하나 선물로 줄 이야기 없수?"

대뜸 돌아온 대답은 이렇다.

"너는 너 자신이나 잘 대접하고 살아."

"정말 그렇지?"

잦아드는 목소리로 그렇게 대꾸하고 나니 가슴이 허해진다. 다른 이들 눈에 비친 내 모습이 꼭 이 모양이구나 생각하니 참 속상하다. 그렇다고 해서 내가 다른 사람을 잘 대접하며 살기라도 했으면 억울하지나 않겠다. 무언가로 늘 분주했지만, 가까운 이들에게조차 살맛을 안겨주지 못했다는 자책이 벌레처럼 내 마음속을 기어 다닌다. 갑자기 그런 생각이 든다. 자기를 잘 대접할 줄 모르는 사람은 남도 잘 대접할 수 없다. 결국 내가 잘 사는 것이 남을 잘 대접하는 길이기도 하다. 스스로를 긍정할 수 없는 사람은 남도 긍정할 수 없는 법이다. 그들은 자기 속에 지옥을 만들고는 남들도 그 지옥으로 끌어들인다.

"세상에 보탬이 되는 훌륭한 인간이 되려 애쓸 것 없다. 자기 선 자리에 충실하고 해야 할 일을 하며 조용히 남에게 피해를 주지 않고 살면 그것으로 족하다"는 어느 분의 이야기가 너무 퇴영적인 것은 아닌지 의심했던 적도 있지만, 살아보니 그 정도만 해도 꽤 괜찮은 삶이다. 《논어》의 〈위령공편衛靈公篇〉에 나오는 자공子貢과 공자의 대화도 이런 진실을 가리키고 있다.

"한 마디로 평생토록 행할 만한 것이 있습니까?"

"서恕일게다. 자기가 원하지 않는 것을 남에게 베풀지 말아라(己所不欲, 勿施於人)"

주자는 이 말을 "자기 마음을 미루어 남에게 미치면 그 베풂이 무궁하다"고 풀었다. 역지사지하라는 말이다. 우리는 남에게 유익을 끼치겠다는 지나친 의욕이 오히려 생명의 왜곡을 가져오는 경우를 많이 본다. 고치에서 막 깨 나오는 나비를 돕는다고 뜨거운 입김을 불어넣었다가 결국에는 나비의 날개를 기형으로 만들어버린 니코스 카잔차키스의 작중 인물 '조르바'처럼, 우리의 선의가 누군가의 삶에 폭력이 되는 경우는 허다하다. 이 대목을 떠올릴 때마다 '내 아이는 남달라야 한다'는 부모들의 강박관념이 아이들을 아이다운 삶으로부터 추방하는 작금의 현실이 떠오른다. 우리는 "~을 위하여"라는 말에 담긴 잠재적 폭력성에 유의할 필요가 있다. 이 말은 대상이 되는 존재의 형편보다는 행위 주체의 의욕이 중심이 되기가 쉽기 때문이다. 이 점에서 "~을 하지 말라"는 공자의 가르침은 수동적인 듯싶지만 매우 현실적이다.

남 좋을 대로 하라

그런데 예수는 "남에게 대접을 받고자 하는 대로, 너희도 남을 대접하라"고 가르친다. 자칫 잘못하면 이것은 '누이 좋고 매부 좋고', '좋은 게 좋은 거지' 식의 공리주의적 가르침으로 오용될 수 있다. 우리가 뭔가를 기대하기에 선을 행한다면 그것은 진정한 의미의 '선'이 아니다. 사마리아 사람이 강도 만난 사람을 도와준 것이 만일 보상에 대한 기대 때문이었다면 그의 행위는 도덕적이지도, 순수하지도 않다. 예수는 "네가 점심이나 만찬을 베풀 때에, 네 친구나 네 형제나 네 친척이나, 부유한 이웃 사람들을 부르지 말아라. 네가 그러한 사람들을 초대하면, 그들도 너를 도로 초대하여 네게 되갚아, 은공이 없어질 것이다"(눅 14:12)라고 말한다. 오늘은 내가 그대를 청했으니, 그대도 나를 청하여야 한다는 유치한 품앗이가 목사들 세계에도 있다는 말을 들었다. 가히 기가 막히지 않은가? 헌금을 바치는 내심의 동기가 더 많은 것을 받기 위한 것이라면, 그것은 얼마나 유치한 발상인가? 많은 이들이 신앙을 행복한 삶을 위한 하나의 수단으로 삼는다. 하지만 예수는 '누이 좋고 매부 좋고' 식의 삶을 가르치지 않는다. 예수가 가르치는 아름다운 삶의 초점은 '남'이다. 한마디로 나 좋을 대로 하지 말고, 남 좋을 대로 하라는 말이다. 나에게 좋은 것이 남에게도 꼭 좋은 것은 아니니 말이다.

박해조의 《제목 없는 책》에는 〈눈먼 최선은 최악을 낳는다〉라는 글이 실려 있다. 소와 사자가 서로에게 최선을 다하기로 약속을 하고 혼인을 했다. 소는 최선을 다해서 맛있는 풀을 날마다 사자에게 대접했다. 사자는 싫었지만 참았다. 사자도 최선을 다해서 맛있는 살코기를 날마다 소에게 대접했다. 소도 괴로웠지만 참았다. 참을성에도 한계가 있는지라 둘은 다투다가 끝내 헤어지고 말았다. 그들이 헤어지면서 한 말은 "난 최선을 다했어"였다. 상대를 배려하지 않는 최선은 최악이 될 수 있다. 입장의 동일함이 전제되지 않은 진정한 이해는 도무지 불가능한 일인지도 모르겠다. 삶이란 나에게서 벗어나 너에게로 건너가기 위한 다리를 놓는 과정이 아닐까? 나의 자리를 한 치도 벗어나지 않으면서 다가오지 않는 너를 원망하는 것은 어리석음이다.

참 멋진 삶은 '더불어 함께' 경험하는 것이다. 자기 주체성을 잃지 않으면서도 다른 이들과 더불어 어울릴 줄 아는 존재가 되는 것이야말로 성숙한 생명의 징표이다. 다른 이들과 어울리기 위해서는 '자아'로부터 벗어나야 한다. 오랜 습속과 욕망 위에 세워진 거푸집 말이다. 하지만 고래 힘줄보다 더 질긴 자아로부터 벗어난다는 것은 쉽지 않다. 아니, 정직하게 말하자면 거의 불가능하다. 그러면 자아의 속박은 인간의 아 프리오리*a priori*, 즉 존재론적 한계인가? 그렇기도 하고 아니기도 하다. 바울이 "아, 나는 비참한 사람입니다. 누가 이 죽음의 몸에서 나를 건져주겠습니까?"(롬 7:24) 한 것이 자아에 매인 존재의 탄식이라면, "우리 주 예수 그리스도를 통하여 나를 건져주신 하나님께 감사를 드립니다"(롬 7:25) 한 것은 자아로부터 해방된 존재의 찬가이다. 이

둘 사이를 매개하고 있는 것은 하나님의 은총이다. 한없이 왜소해진 자기 자신에게 절망한 한 영혼이 예수 그리스도를 통해 하나님의 마음과 접속하는 순간 자유인으로 거듭나게 된 것이다.

  자기로부터 해방된 사람은 남을 배려함에서 기쁨을 맛본다. 조각가인 교우 한 분이 들려준 이야기이다. 그는 지금까지 작품을 제작하면서 스스로 만족스러웠던 적이 단 한 번도 없었다고 고백했다. 충분히 이해할 수 있는 이야기이다. 글이든 그림이든 건축이든 음악이든 삶이든 이만하면 충분하다고 말할 수 있는 사람은 없으리라. 그런데 놀라운 것은 그가 그런 불만족의 원인을 표현의 한계에서가 아니라 작품 제작 동기의 불순함에서 찾았다는 사실이다. 포이에시스 *poiesis*, 곧 작품의 제작이 아름다운 삶의 재현 혹은 구성을 목표로 하기보다는 타인들로부터의 인정이나 물질적인 보상을 목표로 했기에 만족을 얻을 수가 없었다는 것이다. 자기가 관심의 초점이 되는 한 어쩌면 만족은 항상 연기될 수밖에 없는 것인지도 모른다. 그러나 그는 순수한 제작의 기쁨을 맛본 때가 꼭 한 번 있었다 한다. 그것은 앞을 보지 못하는 친구의 누나를 위해 20점의 크리스마스카드를 그렸을 때였다. 자기가 그린 그림을 볼 수도 없는 이들을 위해 그는 가장 큰 기쁨과 열정으로 그림을 그렸다. 그가 경험한 가장 순수한 행복의 시간이었다. 어쩌면 그 순간은 그가 답답한 삶의 질곡 속에 갇힐 때마다 돌아가고 싶은 순수의 시간, 곧 영원으로 빛나는 시간인지도 모르겠다.

아시시의 성 프란시스의 〈평화의 기도〉는 자기로부터 해방된 존재의 삶을 잘 드러낸다.

> 위로 받기보다는 위로하며
> 이해 받기보다는 이해하며
> 사랑 받기보다는 사랑하며
> 자기를 온전히 줌으로써 영생을 얻기 때문이니
> 주여 나를 평화의 도구로 써주소서

내가 받고 싶은 대접

"남에게 대접을 받고자 하는 대로, 너희도 남을 대접하라" 하셨기에 내가 어떤 대접받기를 원하는지를 생각해본다. 무엇보다도 나의 존재를 존중받고 싶다. 누군가에게 강요당하기 싫다는 말이다. 외적 강제가 내 행동을 규정한다면 그 속에는 기쁨이 없다. 예수의 가르침을 '지배의 포기'로 설명한 게르하르트 로핑크Gerhart Lohfink의 통찰에 나는 놀랄 뿐이다. 나의 경험, 지식, 권력, 믿음이 누군가를 타율적으로 지배하거나 강요하는 것이 되지 않도록 정신을 차려야 한다. 아, 하지만 강제하지 않는다는 것은 얼마나 힘든 일인가. 그의 존재에 대한, 더 나아가서 그의 존재의 근거이신 분에 대한 근원적 신뢰와 참을성 없이는 거의 불가능한 일이다. 하지만 이제는 가급적이면 덜 강요하는 삶을 살겠다.

나는 용서받고 싶다. 알게 모르게 내가 상처를 입힌 모든 이들과, 내가 훼손한 모든 피조물들로부터. 그리고 내가 소홀히 해온 나의 몸으로부터. 이런저런 욕망의 짙은 구름으로 무거워진 나의 영혼으로부터. 용서란 받아들여짐이 아닌가? 내가 용서받고 싶은 것처럼, 마음 밖으로 밀쳐냈던 모든 이들에게 이제는 마음을 열어야겠다.

아이들에게 제일 싫은 게 뭐냐고 물었더니 자기와 남을 비교하는 것이라 했다. 나도 그렇다. 교회와 교역자들이 크기의 신화에 매여 있는 것이 가슴 아프다. 비교에 근거한 우월감과 열등감처럼 사람을 유치하게 만드는 것이 없다. 맹목적인 크기의 숭상이야말로 우리가 앓고 있는 고질병이다. 인간적 규모를 넘어선 크기가 빚어내는 파행을 우리는 바야흐로 목도하고 있다. 모든 비교는 척도를 전제로 한다. 문제는 그 척도가 비교당하는 이의 외부에 있다는 것이다. 사람들은 그의 능력과 현실을 비교하지 않는다. 자기의 기대/성취와 그의 현실을 비교한다. 그렇기에 비교에 입각한 관계에서 칭찬은 예외적으로만 주어지고, 각 개인의 독자성은 고려되지 않는다. 이것은 그를 창조하신 분에 대한 모독인 동시에 생명의 낭비이다. 있는 그대로의 존재를 긍정한다는 것, 그보다 소중한 대접이 없다.

사람들이 너희에게 무엇을 해주면 좋겠는지 자문해보아라. 그리고 너희가 먼저 그들에게 그것을 해주어라. 하나님의 율법과 예언자들의 설교를 다 합한 결론이 이것이다(마 7:12).

존재를 드러내는 열매

가을이 흰 안개를 흩뜨린다
늘 여름일 수는 없으니!
밤은 등불 빛으로 나를 유혹하며
추위를 피해 어서 귀가하라고 한다.

머지않아 나무는 헐벗고 정원은 텅 비겠지.
그저 야생의 포도송이만 집 주위에서
빛을 발하겠지. 그리고 머지않아 그 역시 지고 말겠지.
늘 여름일 수는 없으니!

〈가을의 시작〉이라는 헤르만 헤세의 시를 읽다가 '늘 여름일 수는 없으니!' 하는 구절에 그만 사로잡히고 말았다. 내가 지금 인생의 계절 중 늦여름을 지나고 있는지 초가을을 지나고 있는지 가늠하기 어려웠지만, 헤세의 시구를 타고 찾아온 적요함은 쉬 물러갈 줄을 모른다. 겨울 산을 좋아한다고 서슴없이 말하는 처지이기는 하다. 그래도 '머지않아 나무는 헐벗고 정원은 텅 비겠지' 하는 구절이 자아내는 쓸쓸함만은 어쩔 수가 없다. 제법 비감한 상념에 잠겨 있는 참인데, 아내가 홍옥 한 알을 손에 쥐어주고 나간다. 무심히 사과를 베어 물다가 입 안 가득 번져오는 신맛에 혼곤하던 정신이 번쩍 들었다. 기적이나 접한 듯 손에 잡힌 사과를 바라본다. 빛과 어둠을 머금은 불그레한 빛깔이며, 부드러운 곡선을 이루고 있는 몸체, 감각을 일깨우는 신맛까지 어느 것 하나 기적 아닌 것이 없다. 큰 생명의 기운이 사과 한 알로 맺혀 내 눈앞에 있는 것이다. 속 깊은 곳에서 질문이 떠오른다. '나는 무엇을 머금어, 어떤 열매로 자라고 있는가?'

열매로 존재를 안다

예수는 양의 옷을 입고 사람들에게 나아오지만 실상은 노략질하는 이리에 불과한 거짓 예언자들을 경계하라고 하신다. 문제는 거짓 예언자들과 참 예언자들이 겉보기에는 거의 구별되지 않는다는 사실이다. 식물에 대해 잘 알지 못하는 이가 쑥부쟁이와 구절초를, 양지꽃과 노랑제비꽃을, 벼와 피를, 진달래와 철쭉을 구별하지 못하듯 참과 거짓을 옳게 식별하기란 말처럼 쉽지 않다. 거짓 예언자들은 어쩌면 진짜보다 더 진짜 같이 처신한다. 하나님에 대한 열심이나 종교적 진지성도 매우 견실하다. 그들의 얼굴은 매우 부드럽고 약자들에 대한 연민으로 눈물을 흘리기도 한다. 더 큰 문제는 그들 스스로가 가짜임을 알지 못한다는 사실이다. 어린 시절의 기억까지도 주입된 공상과학 영화의 사이보그가 자신을 참 인간으로 아는 것처럼, 그들은 자기들만이 진짜라고 생각한다. 시뮬라크르simulacre의 시대를 살아가는 현대인들은 실체가 아닌 이미지에 집착한다. 그러면 어떻게 해야 하나? 진짜와 가짜는 구별될 수 없는 것인가?

예수는 열매를 보면 그 나무를 알 수 있다고 말한다. 가시나무가 포도열매를 맺을 수 없고, 엉경퀴에서 무화과를 딸 수 없다는 것이다. 옳은 말이다. 한 사람이 어떠한 존재인지는 그의 자기 진술이나 자기규정을 통해서가 아니라, 그의 있음이 주위에 일으키는 파장을 통해 드러난다. 근사해 보이는 겉모습과는 달리 사람들 속에 허영심과 부산스러움의 파장을 일으키는 이들이 있다. 그들은 사람들의 은밀한 욕망과 두려움을 이용한다. 한편으로는 욕망을 부추기고, 다른 한편으로는 두려움을 주입한다. 욕망의 포로가 된 사람들, 내적인 두려움에 사로잡힌 사람들은 그래서 거짓 가르침의 포로가 된다. 예수는 사람들을 해방하지만 거짓 예언자들은 사람들을 확고히 묶어놓는다. 지배가 용이하기 때문이다. 잘못된 권위에 종속된 사람들은 주체로 설 수 없다. 그들은 배운 대로 생각하고 말하고 처신한다. 그들에게서 진실함이나 인격의 향기를 맡기란 여간 어려운 일이 아니다.

　하지만 있는 듯 없는 듯 고요하지만 주위에 행복과 순수와 불멸의 아우라를 드러내는 이들도 있다. 그들은 사람들을 강제하지 않으면서도 '나'의 경계를 넘어 타자들의 삶을 향해 흘러가도록 우리 가슴에 길을 낸다. 그들은 진리의 일부를 전부인양 호도하는 법이 없다. 부당한 영향력을 행사하려 하지도 않는다. 자기와 다른 견해와 입장을 가진 사람을 경멸하지도 않는다. 자신이 틀릴 수 있음을 겸허히 인정하면서 다른 이의 말에 귀를 기울인다. 그가 있는 곳에서 불화는 사라진다. 그의 곁에 서 있기만 해도 타오르던 욕망이 잦아들고, 거룩한 생의 열망이 일어난다. 그들은 밤하늘을 수놓는 불꽃놀이처럼 화려하진 않지만, 누군가의 가슴속에 빛의 알갱이를 흩뿌려 삶을 축제로 바꾼다.

잎은 무성하나 열매가 없다

그의 열매로 그들을 알리라. 심판처럼 두려운 말씀이다. 엘로이즈와의 사랑으로 유명한 중세의 신학자 피에르 아벨라르Peter Abelard는 자기 학문을 더 발전시키기 위해서 당시에 가장 저명한 스콜라 신학자였던 라옹의 안셀모를 찾아갔다. 하지만 그는 곧 스승에게 실망하고 만다. 그의 명성은 재능이나 학문적인 능력이 아닌 노련함으로 얻은 것임이 분명해 보였기 때문이다. 친구에게 보내는 글에서 아벨라르는 안셀모라는 존재를 이렇게 평가하고 있다.

안셀모는 다수의 청중 앞에 있을 때에는 그야말로 경탄할 만한 존재였으나 질문자와 마주 앉았을 때에는 아무것도 아니었지. 언어 구사는 절묘했지만 내용은 알맹이가 없었으며 이론은 공허했네. 그가 강의에 불을 붙였을 때 그의 집은 연기로 가득 차긴 했으나 빛이 비치지는 않았던 것일세.
안셀모라는 나무는 잎이 무성하여 멀리서 볼 땐 당당하게 느껴지지만, 가까이 가서 주의 깊게 살펴보는 사람은 그 나무에는 열매가 없다는 사실을 곧 알게 되지.

연기는 자욱한데 불꽃은 일지 않는 삶, 잎은 무성하지만 열매가 없는 삶은 얼마나 허황한가? 국민 다섯 명 가운데 한 사람이 기독교인이라고 자랑하는 우리의 처지도 이와 크게 다를 바 없지 않은가? 거대한 교회는 하나둘 늘어가고, 화려한 언변의 자칭 목자들은 많지만 '있음' 그 자체만으로도 사람들의 마음에 감화를 일으키고, 세상을 정화하는 큰 혼은 찾아보기 어렵다. 세상에 널리 알려진 사람 치고 첫 마음을 잃지 않은 사람이 있던가? 명성과 부를 멀리한 채 끝없이 자기를 지워갔던 고독한 은수자들의 삶은 그저 세계가 지금보다 1800년 정도 젊었을 때에 있었던 에피소드에 지나지 않는가? '연기는 자욱한데 불꽃은 보이지 않네.' 만일 이것이 한국 교회와 교인들을 향한 세상 사람들의 지적이라면…. 아, 두려운 일이다.

순수와 불멸의 아우라를 잃어버린 종교, 오직 자기 확장의 욕망에 휘둘리는 종교는 새로운 생명을 잉태할 수 없다. 모든 성장이 다 좋은 것은 아니다. 내적인 온축이 없는 성장은 웃자란 식물처럼 허약하게 마련이다. 노자는 《도덕경》 24장에서 "까치발로는 오래 서지 못한다. 가랑이를 한껏 벌려 성큼성큼 걷는 걸음으로는 멀리 가지 못한다(企者不立. 跨者不行)"고 했다. 까치발로 선다는 것은 남보다 크게 보이려는 것이고, 가랑이를 한껏 벌리고 걷는다는 것은 남보다 앞서겠다는 것이다. 하지만 과욕은 반드시 스스로를 위험에 빠뜨리게 마련이다. 일시적으로는 남보다 커 보일 수도 있고, 남보다 앞설 수도 있다. 하지만 폭로되게 마련이다. 기독교인들이 사로잡힌 허장성세는 또 얼마나 애처로운가. 경쟁적으로 교회 건물을 크게 지으려는 시도, 이런저런 명목으로 헌금을 거둬들이는 시도, 영혼에 대한 진정한 관심과 사랑보다는 물량적인 세 불리기에 집착하는 전도의 열심조차 때로는 순수해 보이지 않을 때가 있으니 말이다.

열매는 맺지 못한 채 잎만 무성한 나무는 얼마나 애처로운가. 한 잎 두 잎 떨어지는 나뭇잎을 보면서, 내 치부를 가리고 있는 허세가 한 꺼풀씩 벗겨지는 그 두려운 때를 예감한다. 가을이 깊어갈수록 몸이 느끼는 추위는 어쩌면 내면의 부실에 대한 예감 때문이 아닌가 싶다. '도'는 우리가 취하는 허장성세를 가리켜 '찌꺼기 음식(餘食)', 혹은 군더더기 행동(贅行)이라 한단다. 벗고 벗고 또 벗어 말끔히 비워야 할 때이다. 비우지 않고야 어찌 고마움을 알겠는가. 〈햇빛의 선물〉을 쓴 박재삼 시인의 마음도 이러했을까.

시방 여릿여릿한 햇빛이
골고루 은혜롭게

하늘에서 땅으로 내리고 있는데,
따져보면 세상에서 가장 빛나는
무궁무진한 값진 이 선물을
그대에게 드리고 싶은
마음은 절실하건만
내가 바치기 전에
그대는 벌써 그것을 받고 있는데
어쩔 수가 없구나.
다만 그 좋은 것을 받고도
그저 그렇거니
잘 모르고 있으니
이 답답함을 어디 가서 말할 거나.

억지로 진실한 표정을 지으며 헤프게 웃어대는 거짓 설교자들을 조심하여라. 그들은 이래저래 너희를 벗겨 먹으려는 수가 많다. 카리스마에 감동할 것이 아니라 성품을 보아라. 중요한 것은, 설교자들의 말이 아니라 그들의 됨됨이다. 참된 지도자는 절대로 너희 감정이나 지갑을 착취하지 않는다. 썩은 사과가 열린 병든 나무는 찍혀서 불살라질 것이다(마 7:15-20).

나가는 말

—

고백을 삶으로 번역하는 신앙

—

 노동자 시인 백무산은 어린 시절 또래 아이들과는 달리, 집을 그릴 때 주춧돌부터 그렸다 한다. 목수였던 아버지를 따라 다니며 집은 밑에서부터 짓는다는 것을 배웠기 때문이란다. 그래서일까? 그의 시는 어느 평자의 표현대로 '인프라적 시각'이 돋보인다.
 《감옥으로부터의 사색》으로 널리 알려진 신영복 선생은 《나무야 나무야》라는 책에서 논리나 사상은 추상적 관념으로 이뤄지는 것이 아니라 현장에서 몸으로 부딪치면서 발로 설 때 이루어진다고 하면서 감옥에서 만난 목수 할아버지의 예를 들고 있다.

나와 같이 징역살이를 한 노인 목수 한 분이 있었습니다. 언젠가 그 노인이 내게 무얼 설명하면서 땅바닥에 집을 그렸습니다. 그 그림에서 내가 받은 충격은 잊을 수 없습니다. 집을 그리는 순서가 판이하였기 때문입니다. 지붕부터 그리는 우리들의 순서와는 거꾸로였습니다. 먼저 주춧돌을 그린 다음 기둥, 도리, 들보, 서까래, 지붕의 순서로 그렸습니다. 그가 집을 그리는 순서는 집을 짓는 순서였습니다. 일하는 사람의 그림이었습니다. 세상에 지붕부터 지을 수 있는 집은 없습니다. 그럼에도 불구하고 지붕부터 그려온 나의 무심함이 부끄러웠습니다. 나의 서가 書架가 한꺼번에 무너지는 낭패감이었습니다. 나는 지금도 책을 읽다가 '건축'이라는 단어를 만나면 한동안 그 노인의 얼굴을 상기합니다.

한 지식인의 서가가 한꺼번에 무너질 정도의 낭패감을 안겨준 것은 새로운 이론도, 위대한 사상가도 아니었다. 이마에 땀을 흘림으로 살아가는 한 사람이었다. 땀 흘려 일하는 이 앞에서 열패감을 느끼는 것은 비단 그만이 아닐 것이다.

삶으로 번역하다
예수는 산상수훈을 마치면서 당신의 말을 듣고 행하는 자는 반석 위에 집을 짓는 사람과 같지만, 듣고도 행치 않는 사람은 그 집을 모래 위에 지은 어리석은 사람과 같다고 한다. 어린 시절을 목수인 아버지 곁에서 지내고, 청년 시절을 목수로 보낸 청년 노동자 예수의 가르침은 이처럼 담백하고 단단하다. 그의 가르침에는 관념의 기름기가 배어 있지 않다. 몸으로 익힌 지혜에는 관념의 여지가 없기 때문이다. 요한은 예수의 삶을 "말씀이 육신이 되어 우리 가운데 사셨다"(요 1:14)는 말로 요약했다. 신학적인 의미가 무엇이든 그 말의 울림이 매우 깊지 않은가? 예수의 존재는 말씀의 현존이었다. 달리 말해 예수는 몸이 된 말씀 그 자체였다는 것이다. 예수의 마지막 말 가운데 하나는 "다 이루었다"였다. 그것은 예수의 화육의 마침표가 아닐까? 화육을 그리스도론적 신비의 틀 안에만 묶어둔다면 그 말이 갖는 역동성을 포기하는 것이 된다. 화육은 지금 우리의 삶 속에서 계속해서 일어나야 하는 신앙적 사건이다. 물론 그러기 위해서는 근원적 말씀이 우리 삶의 배후에서 울려 퍼지도록 해야 할 것이다.

 누군가가 "기독교인들은 말은 잘 해"라고 말할 때, 그것을 칭찬으로 알아듣고 기뻐하는 사람이 있다면 참 우스운 일이다. 그 말 뒤에 생략된 괄호 속의 말이야말로 그가 정작 하고 싶었던 말이기 때문이다. 삶으로 번역되지 않은 말은 공허하기 이를 데 없다. 가끔 가위에 눌리듯 나를 통해 나갔으나 미처 삶으로 번역되지 못한 말들에 짓눌릴 때가 있다. 유창할지는 모르겠으나 사람들의 가슴 근처에도 가 닿지 못하고 추락해버리고 마는 말들의 운명을 생각할 때마다 차라리 입을 다물고 싶을 때가 많다. 어떤 때는 "당신은 말한 대로 사냐?"고 부르댈 것만 같아서 미리 '그러고 싶다'는 말로 방어막을 치기도 하지만, 몸의 언어를 익히지 못한 자의 추레함은 숨길 길이 없다. 차라리 성 프란체스코처럼 하는 게 낫지 않을까 하는 생각이 들기도 한다. 그는 지친 사람들에게 따뜻한 미소를 보내고, 무거운 물동이를 나르는 사람을 도와주고, 가슴이 울울한 이들 곁에 머물면서 그들의 말을 들어주는 것이 곧 설교라고 했다. 그런 설교를 하며 살고 싶다. '하면 되지' 하는 대꾸가 들려오는 듯하여 다시 낯이 붉어진다.

흔들리지 않는 집

신앙생활이란 '고백'을 '삶'으로 번역하는 지난한 과정이다. 고백은 활동 속에서만 진실성이 드러난다. 희떠운 말의 성찬 속에서 우리는 더욱 배고프다. 지금까지 우리는 모래 위에 집을 짓는 일에 익숙했다. 와우 아파트에서 성수대교로, 그리고 삼풍백화점에서 대구지하철로 이어진 무너짐의 전통은 우리 사회가 얼마나 부실한 토대 위에 세워져 있는가를 반증한다. 경제대국의 길에 접어들었다는 호언장담은 해마다 불어오는 태풍 앞에서 속수무책인 우리의 현실 때문에 그 빛을 잃는다. 우리 문화는 웃자란 벼처럼 균형과 방향을 잃어버린 채, 감각적인 쾌락의 늪에서 부유하고 있다. 세상의 모든 소중한 것들은 시간과 정성의 공력이 들어가야 무너지지 않는다. '빨리빨리'와 '대충' 그리고 '알게 뭐야'라는 단어가 언제든 호출 받을 준비를 갖춘 채 우리 목 근처에 머물고 있는 한 우리는 "비가 내리고, 홍수가 나고, 바람이 불어서, 그 집에 들이치면, 무너진다. 그리고 그 무너짐은 엄청날 것이다"(마 7:27) 하신 주님의 말씀이 허언이 아님을 늘 실감하게 될 것이다.

인생은 어쩌면 집 짓는 과정인지도 모르겠다. 천천히, 또박또박, 굳건하게 지을 일이다. 현대인들은 모두 새로운 유목민들인데 그게 무슨 소리냐고들 하지만, 정신적 유목에도 베이스캠프는 필요하지 않던가? 소설가 이윤기는 자기에겐 '서재'가 정신적 유목의 베이스캠프라 했다. 그를 비판하려는 것은 아니지만, 그 베이스캠프도 어쩌면 신영복이 경험했던 낭패감으로 흔들릴 수도 있다. 흔들리지 않는 집, 그게 가능한가? 예수는 "나의 이 말을 듣고 행하는 자는 그 집을 반석 위에 지은 지혜로운 사람 같다"고 했다. 교회의 성장은 교인 수의 증가로 가늠할 수 없다. 예수의 말씀이 어떻게 교인들의 삶과 교회의 구조 속에서 구현되느냐가 그 척도가 되어야 한다. 또 다시 낯이 붉어진다.

하지만 다시 출발선에 설 일이다. 인간성이 무너져 내린 폐허 위에 서서 손으로 발로 그 잔해를 걷어내고 그 위에 새로운 집을 지어야 한다. 믿음으로 바닥을 다지고, 수직의 중심을 잡아 삶의 재료들을 쌓아올리고, 함께 살아가는 이웃들과 어깨를 겯고 높이 오를 일이다. 기도의 골방과 사귐의 사랑방도 만들고, 사랑과 섬김으로 창문을 내고, 하나님의 보호하심으로 지붕을 삼아야 한다. 너무 늦은 때가 가장 이른 때라는 말을 지팡이로 삼아볼 일이다. 우리가 일단 내달으면 그분이 안아서 날라주실 것이니.

산상수훈 여행을 마치면서 나는 니코스 카잔차키스의 시를 다시 읽는다.

인간을 사랑하라.
그대가 바로 그이기에.

동물과 식물을 사랑하라.
그대가 바로 그것들이기에, 이제 그것들은
마치 신의 깊은 동료들이나 노예처럼
그대 뒤를 따른다.

그대의 육체를 사랑하라.
육체가 있어야만 이 대지에서 싸울 수 있고,
물질을 영혼으로 변화시킬 수가 있다.

물질을 사랑하라. 신은 거기에
이빨과 손톱을 꽉 박은 채, 싸우고 있다.
그와 함께 싸우라.

매일 죽으라. 매일 태어나라. 매일
그대가 가지고 있는 모든 것을 부정하라.
보다 훌륭한 덕성은
자유롭게 되는 것이 아니라
자유를 위해 싸우는 것이다.

스스로를 낮추어 질문하지 마라.

"정복할 것인가, 정복당할 것인가?"를
묻지 마라, 싸움을 계속하라!

그렇게 해서 우주의 사업은
덧없는 동안이지만 그대가 살아 있는 동안에
그대 자신의 사업이 될 것이다. 동지여!

이것이 바로 우리의 새로운 십계명이다.

내가 너희에게 하는 이 말은, 너희 삶에 덧붙이는 장식이나 너희 생활수준을 높여주는 리모델링 같은 것이 아니다. 내 말은 주춧돌과도 같아서, 너희는 내 말 위에 인생을 지어야 한다. 너희가 내 말을 너희 삶으로 실천하면, 너희는 든든한 바위 위에 집을 지은 현명한 목수와 같다. 비가 퍼붓고 강물이 넘치고 돌풍이 쳐도, 그 집은 *끄떡없다*. 바위 위에 꼿꼿이 서 있다(마 7:24).